het sport kookboek

VERBETER JE SPORTPRESTATIES MET DE JUISTE VOEDING

het sport kookboek

Stephanie Scheirlynck

FOTO'S: HEIKKI VERDURME

LANNOO

INHOUD

Inleiding

HET BELANG VAN SPORTVOEDING WORDT STEEDS MEER ERKEND. DE ENERGIE DIE JE NODIG HEBT OM TE SPORTEN, HAAL JE IMMERS UIT WAT JE EET EN DRINKT. HET IS DAAROM BELANGRIJK OM DE JUISTE VOEDINGSSTOFFEN OP HET JUISTE MOMENT BINNEN TE KRIJGEN. EEN AUTO DIE OP BENZINE RIJDT, GEEF JE TOCH OOK GEEN DIESEL?

Je trainingen zijn niet elke dag hetzelfde en je voeding moet dus telkens worden aangepast. In dit boek maken we daarom een onderscheid tussen rustige en intensieve trainingsdagen, maar geven we ook recepten voor dagen met krachttraining en voor wedstrijddagen. Bij elke dag geven we aan waarom we bepaalde voedingsmiddelen inschakelen, zodat je leert om zelf de voeding voor een bepaald soort dag samen te stellen.

Alle recepten zijn zo opgesteld dat ze niet alleen voldoen aan de eisen van een sportman of -vrouw, maar dat ze ook gemakkelijk kunnen worden klaargemaakt. Je sport ongetwijfeld liever twee uur dan diezelfde tijd in de keuken te staan, niet?
We zorgden voor flink wat variatie in de recepten zodat alle voedingsstoffen aan bod komen. Op die manier verbetert je uithoudingsvermogen, versnelt het herstel en verandert je lichaamssamenstelling zodat je je veel beter voelt en je ook beter zult presteren.

Het spreekt voor zich dat de hoeveelheden voor een man en een vrouw verschillen volgens het lichaamsgewicht en de lichaamssamenstelling – kijk maar naar een wielrenner van 66 kg met als specialiteit 'klimmen' en een bodybuilder van 110 kg. Daarom hebben we de dagen uitgewerkt op basis van de training van de dag. Een bodybuilder zal geen duurtrainingen van vier uur of meer afwerken en een klimmer zal geen uren in de krachtzaal spenderen. Alle recepten zijn opgesteld met een sporter van 70 kg voor ogen. Pas de porties dus gerust aan je persoonlijke behoeften aan.

01

HFDST 01

DAGELIJKS ENERGIE-VERBRUIK

01

Dagelijks energieverbruik

DE ENERGIE DIE JE TIJDENS HET SPORTEN VERBRANDT, WORDT UITGEDRUKT IN KILOCALORIEËN (KCAL). DIE KCAL HEB JE NATUURLIJK NIET ALLEEN NODIG OM TE SPORTEN, MAAR OOK VOOR JE DAGELIJKSE ACTIVITEITEN.

Je lichaam heeft ook energie nodig in rust. Dat heet het basaal metabolisme. Als je 24 uur wakker op een bed zou liggen, beweeg je niet, maar moet je hart blijven pompen, moeten je hersenen blijven werken, moet je blijven ademen enzovoort. Geloof het of niet, maar deze hoeveelheid energie bedraagt al snel 1200 tot meer dan 2000 kcal, afhankelijk van je spiermassa. Hoe meer spiermassa je hebt, hoe meer energie je in rust verbrandt. Reken ongeveer 30 kcal per kilogram magere massa (zie verder) voor je basaal metabolisme. Daarbij tel je nog de energie die nodig is voor je werk, je sport en de rest van je activiteiten. Op een 'rustdag' moet je daarom ook eten, zij het wat minder en in andere verhoudingen dan tijdens trainings- of wedstrijddagen.

Als je het principe van het basaal metabolisme begrijpt, zie je meteen waarom crashdiëten voor sporters (en niet-sporters) geen goed idee zijn. Je neemt minder energie op dan je nodig hebt in rust en combineert dat met werk en sport. Als reactie zal je lichaam heel zuinig omspringen met die energie. Dat is een instinctieve reactie die maakt dat ons lichaam in tijden van oorlog of in extreme situaties langer kan doorgaan zonder eten dan zonder drinken. Je lichaam slaat alle energie op als vetmassa om te overleven. Omdat je tijdens een crashdieet heel weinig eet, valt je

metabolisme als het ware stil en breek je spiermassa af om energie vrij te maken. Zodra je weer eet als daarvoor, zal je lichaam als tegenreactie vetmassa opslaan. Op dat moment treedt het fameuze jojo-effect in werking. Wanneer je dit principe combineert met sporten, zul je merken dat je over onvoldoende energie beschikt en dat je niet herstelt van de afgewerkte trainingen. Komt dit je bekend voor? Verder in dit boek vertellen we hoe je gewichtsverlies wel verantwoord aanpakt.

02

HFDST 02

DE BELANGRIJKSTE VOEDINGSSTOFFEN

02

De belangrijkste voedingsstoffen

KOOLHYDRATEN

14

KOOLHYDRATEN ZIJN ZONDER TWIJFEL DE VOORNAAMSTE BRON VAN ENERGIE. EEN GRAM KOOLHYDRATEN LEVERT 4 KCAL OP. DAT IS MINDER DAN DE 9 KCAL IN EEN GRAM VET. MAAR HET VERSCHIL ZIT HEM IN DE SNELHEID EN DE EFFICIËNTIE VAN HET ENERGIEVERBRUIK. ER IS VEEL MINDER ZUURSTOF NODIG VOOR HET VERBRANDEN VAN KOOLHYDRATEN DAN VAN VETTEN.

Bovendien wordt de energie uit koolhydraten veel vlugger vrijgemaakt, waardoor ze sneller beschikbaar is.
Er bestaan 'snelle' koolhydraten (suikers) en 'trage' koolhydraten (zetmeel). Na een maaltijd worden koolhydraten in de darmen afgebroken en komen ze als bloedglucose (bloedsuiker) in het bloed terecht. Op die manier worden suikers naar de spieren gebracht, waar ze als brandstof worden gebruikt of opgeslagen worden als glycogeen.

Glycogeen vormt je koolhydraatvoorraad. Net als de benzinetank van je auto, slaat je lichaam koolhydraten op in de lever en de spieren (ongeveer 300 tot 600 g). Deze hoeveelheid is slechts voldoende voor een inspanning van 90 tot 120 minuten. Als je trainingen of wedstrijden langer duren, zul je de koolhydraten continu moeten aanvullen om te vermijden dat je lichaam zonder brandstof valt. Misschien maakte je ooit mee dat het voelde alsof je benen vol pap zaten? Of kwam je 'de man met de hamer' al eens tegen? Dat is het moment waarop je lichaam overschakelt van koolhydraten (die tank is leeg) op vetten.

Op vetverbranding kun je uren doorgaan omdat vetten over je hele lichaam opgeslagen zijn. Helaas gebeurt die verbranding in een veel lager tempo en dat is minder prettig. De meeste sporters geven het op dat moment op. Het ligt dus niet altijd aan je conditie. Ook te laat of te weinig eten of drinken tijdens je inspanning kan ervoor zorgen dat je maandenlange voorbereiding een maat voor niets was. Je begint dus het beste met een volle tank aan een training of wedstrijd en vult onderweg je koolhydraten voortdurend aan. Alleen op die manier zul je die laatste sprint tot een mooi einde kunnen brengen. Bovendien zul je minder uitgeput zijn en sneller herstellen van de geleverde prestatie.

In het boek zul je merken dat vooral de hoeveelheid koolhydraten het grootste verschil uitmaakt op verschillende trainingsdagen. Op een rustdag heb je als sporter slechts 3 tot 5 g koolhydraten per kilogram lichaamsgewicht nodig. Op een wedstrijddag kan dat tot 10 à 12 g per kilogram oplopen. Alle recepten zijn hieraan aangepast.

Koolhydraten vind je vooral terug in brood, pasta, rijst, quinoa, couscous, aardappelen, ontbijtgranen, havermout, (gedroogd) fruit, jam, honing, suiker...

VETTEN

ONS LICHAAM IS IN STAAT OM GROTE HOEVEELHEDEN VET OP TE SLAAN. VET LEVERT ONGEVEER TWEE KEER ZOVEEL ENERGIE (9 KCAL) ALS KOOLHYDRATEN, MAAR IS NIET ONMIDDELLIJK BESCHIKBAAR ALS ENERGIEBRON BIJ HET SPORTEN.

Vet wordt traag verbrand en kan daarom in lichaamsvet worden omgezet. Bij sommige sporten kan een extra vetreserve een voordeel zijn. Denk maar aan rugby, waar het de organen kan beschermen, of aan zwemmen over lange afstand, waar het als extra warmte-isolatie dient. Bij de meeste sporten echter, is een laag vetpercentage gunstiger.

Vet levert essentiële vetzuren en bepaalde vitaminen. Daarom worden in alle recepten ook wat gezonde vetten gebruikt. Onverzadigde, plantaardige, gezonde vetten zoals olie, noten en vette vis worden hier en daar in de recepten verwerkt. Vooral op rustdagen zijn deze voedingsmiddelen voordelig. Op intensieve trainingsdagen, en zeker op wedstrijddagen, beperk je ze wegens hun trage vertering. Verzadigde, dierlijke, ongezonde vetten zoals gefrituurde voeding, roomsauzen, chocolade, gebak of boter, kunnen af en toe, maar over het algemeen vermijd je ze beter.

EIWITTEN

EIWITTEN ZIJN OPGEBOUWD UIT AMINOZUREN. HET ZIJN BOUWSTOFFEN DIE BELANGRIJK ZIJN VOOR DE SPIEREN. ZE BESCHERMEN, BEHOUDEN, VERSTERKEN EN HERSTELLEN HET SPIERWEEFSEL.

Tijdens de inspanning gebruikt het lichaam geen eiwitten als brandstof (tenzij je spierafbraak in de hand werkt door een dieet te volgen dat laag is in koolhydraten), maar nadien zullen eiwitten wel het spierherstel bevorderen. Word je vaak een ammoniakgeur gewaar tijdens het sporten? Dat kan erop wijzen dat je lichaam spiermassa afbreekt.

Onze dagelijkse voeding bevat over het algemeen te veel eiwitten. Een eiwittekort is eerder uitzonderlijk. Je hebt in bepaalde omstandigheden (krachttraining, herstel) meer baat bij dierlijke dan bij plantaardige eiwitten. Dat kan voor vegetariërs die ook geen melkproducten eten een nadeel zijn.

Eiwitten vind je vooral terug in zuivelproducten, vlees, vis, eieren, kaas, peulvruchten, vleesvervangers enzovoort.

VOCHT

TIJDENS EEN INSPANNING VERLIES JE VOCHT DOOR TE ZWETEN EN DOOR JE ADEMHALING. ONDERZOEKEN TONEN STEEDS WEER AAN HOE BELANGRIJK VOCHTINNAME IS TIJDENS EEN SPORTPRESTATIE.

Natuurlijk is er een verschil in prestatiebepalende factor. Een triatleet zal tijdens de Ironman meer vocht verliezen dan een sprinter die 200 meter loopt, maar de sprinter zal tijdens zijn warming-up en coolingdown ook vocht nodig hebben.

De kleur van je urine is een goede maatstaf om te controleren of je voldoende vocht binnenkrijgt. Hij moet bleek en bijna doorschijnend zijn. Bij het opstaan 's ochtends is je urine donker gekleurd omdat je 's nachts weinig of niets gedronken hebt. In de loop van de dag moet je hem weer lichter zien kleuren door voldoende water, koffie, thee of soep te drinken.
Je mag koffie inderdaad meerekenen bij je dagelijkse vochtinname. Misschien moet je sneller plassen na het drinken van koffie, maar de hoe-

veelheid zal niet groter zijn dan wanneer je water drinkt. Koffie is niet vochtafdrijvend. Natuurlijk is het mogelijk dat de cafeïne je hypernerveus maakt. Beperk dan het aantal kopjes koffie per dag.

Om na te gaan of je voldoende drinkt op een training, kun je een trucje toepassen. Ga voor de training in je ondergoed op de weegschaal staan. Werk je training af, drink zoals gewoonlijk en droog je goed af wanneer je thuiskomt. Weeg je opnieuw in je ondergoed. Is er geen verschil? Dan heb je voldoende gedronken. Als je 1 kilogram minder weegt, heb je 1 liter te weinig gedronken en vul je dat best zo snel mogelijk aan. Je lichaamsgewicht voor en na de training moet gelijk zijn.

VITAMINEN EN MINERALEN

HEB JE VOEDINGSSUPPLEMENTEN NODIG? HET IS EEN VRAAG DIE VAAK WORDT GESTELD.
HET LICHAAM IS NIET IN STAAT OM ZELF VITAMINEN EN MINERALEN AAN TE MAKEN. DUS MOET JE ZE VIA VOEDING BINNENKRIJGEN. EEN TEKORT AAN VITAMINEN EN MINERALEN KAN EEN NADELIGE INVLOED OP JE PRESTATIES EN ALGEMENE GEZONDHEID HEBBEN. EEN REGELMATIG EN GEVARIEERD VOEDINGSPATROON BEVAT NORMAAL GEZIEN VOLDOENDE VITAMINEN EN MINERALEN.

Vooraleer je een voedingssupplement neemt, laat je het best je bloed controleren bij een (sport-)arts. Hij of zij kan nagaan wat je al dan niet extra nodig hebt. Bij een ijzertekort zal de arts bijvoorbeeld een ijzersupplement voorschrijven en geen multivitamine, want waarschijnlijk neem je dan allerlei vitaminen in die je niet extra nodig hebt en lijd je nadien nog steeds aan een ijzertekort.

Wees voorzichtig met supplementen die je op eigen initiatief neemt. Wateroplosbare vitaminen worden niet opgestapeld en het teveel plas je weer uit. Vetoplosbare vitaminen kunnen echter toxisch zijn als je ze in een te grote dosis neemt.

Vraag altijd advies aan je sportdiëtist of -arts en kies veilige producten die in de apotheek worden verkocht. Websites bieden misschien goedkopere alternatieven aan, maar dan ben je niet zeker of de vermelde dosissen kloppen en of het product al dan niet vervuild is.

De recepten in dit boek zorgen voor flink wat variatie in groenten en fruit, waarbij de verschillende kleuren diverse vitaminen en mineralen aanbrengen.

ALCOHOL

ALCOHOL VERZWAKT DE KRACHT EN HET UITHOUDINGSVERMOGEN EN HEEFT EEN NEGATIEVE INVLOED OP DE NAUWKEURIGHEID, DE COÖRDINATIE, HET EVENWICHT EN DE REGELING VAN DE LICHAAMSTEMPERATUUR.

Door voor of na het sporten alcohol te drinken, verhinder je het (opnieuw) aanvullen van de koolhydraatvoorraden, vererger je de uitdroging omdat alcohol vochtafdrijvend is en belemmer je daarom het herstel.

Beperk het drinken van alcohol zo veel mogelijk, zeker op dagen voor een wedstrijd en meteen na het sporten.

03

HFDST 03

VOEDING EN SPORT: EEN VERHAAL APART

03

Voeding en sport: een verhaal apart

VOCHT EN ENERGIE TIJDENS DE INSPANNING

WANNEER EN HOEVEEL MOET JE DRINKEN?

1/ Voor de inspanning

Houd gedurende de dag de kleur van je urine in de gaten. Gebruik de urineschaal op deze pagina om in te schatten hoe goed of hoe slecht gehydrateerd je bent. Als je te weinig drinkt vóór de inspanning, dan maak je veel kans op spierkrampen en eventuele blessures.

2/ Tijdens de inspanning

Drink zo veel als je zonder problemen aankunt. Ga niet af op je dorstgevoel, want als je dorst hebt, ben je al uitgedroogd. 3 tot 5% vochtverlies kan al een daling van 10 tot 30% van je prestatievermogen veroorzaken. Onderschat het belang van voldoende drinken dus zeker niet en streef naar 125 tot 250 ml per kwartier. Om na te gaan of je niet te veel vocht verliest, kun je de test met de weegschaal uitvoeren (zie eerder).

3/ Na de inspanning

Drink na de inspanning zo veel als nodig is om het verloren vocht weer aan te vullen. Ideaal is 125 tot 150% van je vochtverlies. Weeg je 1 kg minder? Drink dan 1,5 liter binnen maximaal 6 uur.

WAT MOET JE DRINKEN?

De duur en de intensiteit van de training bepalen welke drank je het beste drinkt.

Er bestaan drie soorten sportdranken:

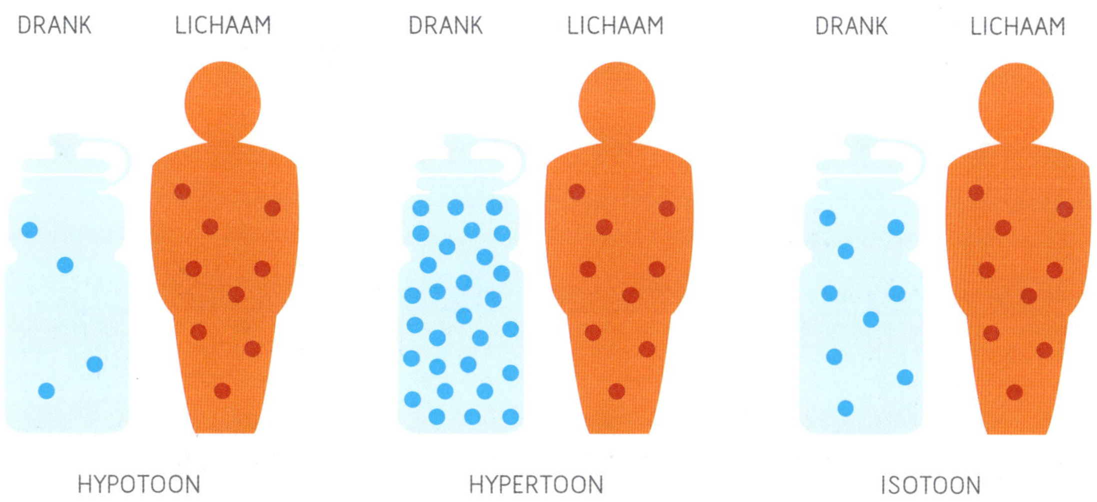

Kijk op de verpakking naar het suikergehalte (koolhydraten per 100 ml):

SPORTDRANK	KOOLHYDRATEN PER 100 ML
Hypotone sportdrank	< 4 gram
Isotone sportdrank = 'dorstlesser'	4 - 8 gram
Hypertone sportdrank = 'energiedrank'	> 8 gram

OMSTANDIGHEDEN	DRANK
< 30 minuten	Water
< 1 uur	Water, hypotone of isotone sportdrank
> 1 uur gemiddeld/warm weer	Isotone sportdrank
> 1 uur koud weer of na inspanning	Hypertone sportdrank

Een isotone drank (dorstlesser) bevat evenveel deeltjes per 100 ml als je bloed en wordt daarom heel gemakkelijk opgenomen. Een hypertone drank (energiedrank) is geconcentreerder en bevat meer deeltjes dan het bloed. Deze drank blijft langer in de maag en kan voor maag-darmklachten zorgen, zeker in warme omstandigheden of bij zeer intensieve inspanningen.

Je lichaam kan ongeveer 60 tot 90 g koolhydraten per uur verwerken (zie verder). Als je 500 tot 750 ml van een hypertone drank per uur drinkt, kom je al aan die hoeveelheid koolhydraten. Wanneer je er ook nog iets bij eet, zul je te veel koolhydraten binnenkrijgen en ontstaan er maag-darmproblemen. Deze fout komt vaak voor. Lees daarom goed op de verpakking welke dosis poeder aangewezen is om de juiste drank te maken.

WANNEER EN HOEVEEL MOET JE ETEN?

Vaak volstaat een sportdrank tijdens de trainingen. In onderstaande tabel kun je zien in welke omstandigheden je ook vaste voeding moet eten. Tijdens trainingen van maximaal twee uur, kun je voor voldoende koolhydraten zorgen via een isotone sportdrank (500 ml per uur = 30 g kh per uur). Als je langer traint, moet je meer koolhydraten aanvullen. Houd een tank voor ogen die slechts gevuld is voor een inspanning van 90 tot 120 minuten. Misschien denk je dat je best zo veel mogelijk kunt eten, maar je maag moet het kunnen verwerken. Hoeveel je maag kan verdragen, verschilt van mens tot mens.

Test het goed uit tijdens de trainingen en bepaal voor jezelf welke sportvoeding en -drank je goed verdraagt en in welke hoeveelheden.

Bepaal eerst het type drank en vul hem, indien nodig, aan met vaste voeding. Vroeger ging men ervan uit dat je lichaam maximaal 60 g koolhydraten per uur kon verwerken. Uit onderzoek van de laatste jaren blijkt dat, wanneer je zorgt voor een juiste combinatie van suikers (glucose/maltodextrine en fructose), er tot 90 g per uur kan worden opgenomen. Kijk op de verpakking van je sportdrank of -voeding welke suikers ze bevatten. De recepten voor snacks in dit boek voorzien in 60 g kh per uur.

Sporters die minder lang maar heel intensief bezig zijn (bijvoorbeeld een tijdrit, een korte triatlon, een halve marathon...) hebben er baat bij hun mond te spoelen met sportdrank. Elke 5 tot 10 minuten ongeveer 10 seconden spoelen lijkt ideaal. De hersenen krijgen een signaal via de receptoren op de tong dat er koolhydraten in aantocht zijn en verbeteren meteen de prestatie zonder de hartslag te verhogen en zonder dat de drank zoet hoeft te smaken. Neutrale maltodextrine geeft namelijk hetzelfde resultaat als zoete glucose.
Je mag de drank inslikken, maar dit type sporten vereist op zich geen drank en koolhydraten. Bovendien kan de drank maag-darmproblemen veroorzaken.

2GO
SPORT
2GO
SPORT
low
high
KENWOOD

Duur van de inspanning	Zijn er koolhydraten nodig voor een optimale prestatie?	Aanbevolen hoeveelheid koolhydraten	Type koolhydraten	Glucose	Glucose + fructose
< 30 min	Geen koolhydraten nodig	-	-		
30 – 75 min	Heel kleine hoeveelheden	Mondspoeling	Meeste soorten kh	x	x
1 – 2u	Kleine hoeveelheden	Tot 30 g per uur	Meeste soorten kh	x	x
2 – 3u	Matige hoeveelheden	Tot 60 g per uur	Kh die snel opgenomen worden (glucose, maltodextrines)	x	x
> 2,5u	Grote hoeveelheden	Tot 90 g per uur	Alleen combinaties van glucose: fructose (2:1)		x

Bron: Jeukendrup 2011

KOOLHYDRAATSTAPELING

Bij wedstrijden die langer dan anderhalf tot twee uur duren, is het 'stapelen van koolhydraten' erg belangrijk. In de aanloop naar de wedstrijd worden de trainingen afgebouwd en de hoeveelheid koolhydraten wordt gedurende drie dagen voor de wedstrijd opgetrokken naar 10 tot 12 g per kilogram lichaamsgewicht. Tijdens deze dagen is het de bedoeling dat je een energievoorraad aanlegt om de vermoeidheid tijdens de wedstrijd zo lang mogelijk uit te stellen. Je laadt als het ware je tank overvol. Dit wordt koolhydratenstapeling of *carbo loading* genoemd. Je lichaam slaat de koolhydraten op in de lever en de spieren en zal ze verbranden tijdens de zware inspanning. Het is de bedoeling om deze voorraad tot het einde op te sparen en eerst te presteren op wat je eet en drinkt tijdens de wedstrijd. Houd er wel rekening mee dat je lichaamsgewicht zal toenemen: enerzijds door de koolhydraten die je lichaam opslaat, anderzijds door het vocht dat wordt opgehouden. Elke gram koolhydraten houdt een beetje vocht vast, waardoor je ongeveer 2 kg in gewicht kunt toenemen. Maak je geen zorgen want dit biedt alleen maar voordelen. Het is een extra vochtreserve, die je onderweg zult uitzweten en waardoor je minder snel uitgedroogd zult zijn. Daarnaast is het ook een extra energiereserve, die de vermoeidheid kan uitstellen.

De extra hoeveelheid koolhydraten haal je het gemakkelijkste uit geconcentreerde suikerbronnen, zoals sportdrank, vruchtensap en eventueel frisdrank. Het moeten dus geen kilo's pasta, brood en rijst zijn. Je maag zal op deze manier niet overbelast worden. In de Ronde van Frankrijk wordt in één ploeg ongeveer 10 kg suikersnoep verorberd. De suikerbommetjes gaan gemakkelijk binnen en zijn nog lekker ook. Niet bepaald een toonbeeld van gezonde voeding, maar het is voor 'het goede doel'.

NUCHTER TRAINEN

Er bestaan heel wat misverstanden rond nuchter trainen. Trainen op een nuchtere maag, dus zonder de aanwezigheid van suikers, zou je lichaam verplichten om vet te verbranden. Dat geldt alleen als je traint aan een lage hartslag (max. 70% van je maximale hartslag) en niet langer dan anderhalf uur. Als de training intensiever is of langer duurt, zal je lichaam toch koolhydraten nodig hebben. Aangezien ze op dat moment niet aanwezig zijn, zal het spiermassa afbreken om op die manier toch energie vrij te maken. Zo pleeg je roofbouw op je lichaam in plaats van een basisconditie op te bouwen.

Duursporters trainen nuchter om hun vetverbranding te trainen en zo efficiënter vetten te verbranden. Het gaat dus niet noodzakelijk om gewichtsverlies. Wil je wel kilo's kwijt, dan moet je de nuchtere trainingen combineren met een negatieve energiebalans (minder eten dan je die dag verbruikt) om resultaat te boeken.

Na een nuchtere training neem je verplicht een volwaardig ontbijt om een optimaal herstel te garanderen, bij voorkeur binnen het halfuur na de training.

VETPERCENTAGE EN GEWICHTSVERLIES

Heel wat sporters streven naar een lager gewicht en vetpercentage. Je kunt ook je vetpercentage laten dalen zonder dat je gewicht evolueert. Dat wil zeggen dat je lichaam spiermassa heeft opgebouwd en dat kan in je voordeel zijn, afhankelijk van de sport die je beoefent. Ga dus niet af op de cijfers op de weegschaal, maar laat je lichaamssamenstelling bepalen. Daarvoor bestaan verschillende methodes, zoals huidplooimetingen, meten met een impedantieweegschaal, onderwaterweging, DXA-scan... Als je een bepaalde methode gekozen hebt, blijf je de evolutie met dezelfde methode opvolgen. Je kunt de resultaten van de verschillende methodes namelijk niet met elkaar vergelijken.

Op basis van je lichaamssamenstelling kan je basaal metabolisme worden bepaald: dat is het minimum aan energie dat je lichaam dagelijks nodig heeft. Als je dat optelt bij je dagelijkse activiteiten en je sportprestaties, krijg je het totale energieverbruik. Wil je wat gewicht verliezen? Eet dan ongeveer 500 kcal minder dan je verbruikt. Zo zal je lichaam vetmassa verbranden en toch de spiermassa behouden.

Blijf je netjes op gewicht met je huidige voedingspatroon? Neem dan elke maaltijd een klein beetje minder: één aardappel, een sneetje brood, fruit in plaats van een koekje als tussendoortje... Onderneem niets drastisch. Je zult langzaam maar zeker resultaat boeken. Je kunt uiteraard ook een gepersonaliseerd voedingsschema laten uitwerken door een sportdiëtist.

Houd altijd rekening met je morfologie. Stel dat je een wielrenner bent van 95 kg met 80 kg magere massa en 3,5 kg botmassa (inderdaad... je totale skelet weegt amper 2,5 tot 4,5 kg. Dat geldt voor iedereen, dus 'zware botten' zijn echt een fabeltje). Dan heb je een vetpercentage van ongeveer 12%. Voor een recreatieve wielrenner is dat uitstekend. Je fietsmakker van 70 kg heeft ook 12% vet maar veel minder spiermassa. Hij zal sneller boven zijn in de Alpen. Dat is nu eenmaal de natuur en daar verander je niets aan. Houd rekening met je lichaamsbouw en kies een sport in functie daarvan. Op een vlak parcours zoals een kermiskoers, rijd je die vriend er trouwens wel af.

Houd als sporter dus geen rekening met je Body Mass Index (BMI). Deze berekening is gebaseerd op lengte en gewicht, maar houdt geen rekening met je lichaamssamenstelling. Het is best mogelijk dat een sprinter, bodybuilder of andere krachtsporter 'obesitas' heeft volgens zijn BMI, maar eigenlijk slechts 10% vetmassa heeft. Er zijn trouwens heel wat niet-sporters met een 'gezond' BMI die een vetpercentage van 40% of meer hebben. Door een lage spiermassa is hun totaalgewicht misschien in orde voor hun lengte, maar de kans is groot dat bloedwaarden als glucose en cholesterol helemaal niet goed scoren. Op basis van je lengte kun je dus onmogelijk je ideale gewicht bepalen.

BMI lichaamsvergelijking

Je kunt altijd het beste uit je lichaam halen, maar er is nu eenmaal een ondergrens.

Een algemeen ideaal vetpercentage bestaat niet. Kies een realistisch doel. Je ideale vetpercentage is datgene waarbij je voelt dat je het beste presteert, dat je gemakkelijk kunt aanhouden, en waarbij alle bloedwaarden (hormonen, vitaminen en mineralen, hematocriet...) nog steeds in orde zijn. Laat je goed begeleiden zodat je jezelf niets kunt verwijten en optimaal kunt presteren.

SPIEROPBOUW EN GEWENSTE GEWICHTSTOENAME

Sporters die in gewicht willen toenemen, willen dat natuurlijk realiseren door hun spiermassa te vergroten. Dat is mogelijk door de juiste vorm van krachttraining te combineren met de juiste voeding. Om aan te komen, moet je meer energie innemen dan je werkelijk verbruikt. Alleen op die manier kan je lichaam extra spiermassa opbouwen. Pas op: dat is een langzaam proces en je moet geduldig zijn. Een realistisch streefdoel is 0,5 tot 1 kg per maand, afhankelijk van je lichaamstype en je erfelijke aanleg.

Als je nu mooi op gewicht blijft, kun je starten met ongeveer 500 kcal extra te eten per dag. Het is een groot misverstand dat dit alleen eiwitten moeten zijn. Het mag een combinatie van eiwitten, koolhydraten en zelfs een beetje vet zijn. Vooral heel regelmatig eten is belangrijk. Je leest er meer over in het hoofdstuk 'Een dag met krachttraining'.

SPIERKRAMPEN

Zowel topsporters als recreatieve sporters kunnen last hebben van spierkrampen. Het heeft niets te maken met je getraindheid, maar wel met de mate waarin je zweet en drinkt. Als je zweet, verlies je vocht en elektrolyten (zoals natrium, kalium, magnesium...). Die moet je beide weer aanvullen. Er zijn sporters die heel veel zweten, maar niet veel zout (natrium) verliezen. Anderen zien wel witte vlekken (opgedroogd zout) verschijnen op hun gelaat, kledij,

petje, helm... Zij verliezen veel zout en lopen het grootste risico op spierkrampen, vooral in warme omstandigheden. Vergis je niet: als je in koude omstandigheden sport, ben je warm gekleed en zweet je natuurlijk ook.

Een goed begin is vooraf voldoende drinken. Als je 's ochtends sport, drink dan al bij het ontbijt. Uitgedroogd starten is om problemen vragen. Kies tijdens de training een goede sportdrank met ongeveer 400 tot 1100 mg natrium per liter en drink zo veel je zonder problemen aankunt. Als je veel zout verliest, kun je ook een mespuntje keukenzout aan je sportdrank toevoegen en kijken hoe je je daarbij voelt.
Spierkrampen kunnen ook wijzen op een magnesiumtekort. Dat kun je te weten komen door middel van een bloedcontrole en eventueel aanvullen met een supplement.

GLUTENVRIJE SPORTVOEDING

Gluten zijn eiwitten die we terugvinden in bepaalde graansoorten als tarwe, spelt, gerst, kamut, rogge en vaak ook in haver. Coeliakie is een ziekte van de dunne darm waarbij het eten van gluten de darmwand aantast. Sporters die eraan lijden, kunnen last hebben van buikpijn en diarree. Ze lopen bovendien het risico op een tekort aan allerlei voedingsstoffen. Coeliakie is geen allergie maar een intolerantie. Als sporters met coeliakie gluten uit hun voedingspatroon weren, herstellen de darmen zich en kunnen de symptomen verdwijnen. De diagnose wordt gesteld op basis van een darmonderzoek of via een uitgebreid bloedonderzoek.

Sommige sporters zijn overgevoelig voor gluten zonder dat er tekenen van de ziekte zichtbaar zijn. Ze zullen zich beduidend beter voelen als ze gluten uit hun dieet schrappen.

Bij sporters kan het ook om een tijdelijke situatie gaan. Je kunt symptomen ontwikkelen na een periode waarin je (extreem) veel gluten gegeten hebt, zoals voor een meerdaagse wedstrijd. Na een grote wielerronde, bijvoorbeeld, zijn renners vaak gevoeliger voor gluten. Daarom wordt er tijdens een ronde vaak gekozen voor glutenvrije alternatieven om problemen te voorkomen. In plaats van pasta krijgen ze rijst, quinoa, aardappelen of boekweit voorgeschoteld. Als afwisseling worden vaak glutenvrije ontbijtgranen of glutenvrij brood voorzien.

Er is een trend om gluten systematisch uit het voedingspatroon te bannen, maar zolang er geen duidelijke aanwijzingen zijn van een glutenovergevoeligheid, is er geen reden om gluten te vermijden. Mensen met coeliakie hebben geen keuze. Vaak lijden zij aan een ijzertekort en meestal moeten ze vitamine B-supplementen nemen.

VEGETARISCHE SPORTVOEDING

Het is mogelijk om te sporten en vegetarisch te eten op voorwaarde dat je de juiste accenten legt in je voedingspatroon. Er is een groot verschil tussen vegetariërs die geen melkproducten of eieren eten (veganisten) en zij die dat wel doen. Deze voedingsmiddelen leveren namelijk dierlijke eiwitten, die heel belangrijk zijn voor spieropbouw en -herstel.

Vegetarische voeding bevat vaak heel veel vezels. Daardoor eet je automatisch ook kleinere porties en kan de energie-inname in gevaar komen. Het is daarom erg belangrijk om de maaltijden goed te verdelen over de dag, zodat je uiteindelijk toch voldoende kilocalorieën binnenkrijgt.

De vetinname ligt vaak hoger bij vegetariërs omdat veel voedingsmiddelen vetrijker zijn. Denk maar aan kaas, noten, zaden, vegetarisch broodbeleg als smeerpaté of vegetarische worst en vleesvervangers als gepaneerde groenteburgers of vegetarische schnitzels. Houd als vegetariër het vetgehalte van je voeding goed in de gaten. Koolhydraten blijven de voornaamste bron van energie.

Vlees en vis kun je vervangen, maar laat je regelmatig controleren om te zien of er geen ijzertekort dreigt. Zo ben je er op tijd bij, want ijzer speelt een rol in het transport van zuurstof in het bloed en de spieren, in het energiemetabolisme, in de aanmaak van rode bloedcellen en in het immuunsysteem. Er zijn geen aanbevelingen voor sporters, maar zij hebben meestal een grotere behoefte aan ijzer door het hogere aantal rode bloedcellen, de grotere verliezen aan ijzer en mogelijk de te lage dekking via (vegetarische) voeding.

Als je helemaal geen dierlijke voedingsmiddelen eet (veganistisch eetpatroon), zul je niet alleen ijzer maar ook de inname van vitamine A, B12, D, calcium en eiwitten in de gaten moeten houden. De kans is groot dat je enkele voedingssupplementen moet slikken omdat deze voedingsstoffen vooral in dierlijke voedingsmiddelen aanwezig zijn. Plantaardige voeding bevat eiwitten, maar de samenstelling van de aminozuren is niet dezelfde als bij dierlijke voeding. Hierover lees je meer in het hoofdstuk 'Een dag met krachttraining'.

JONGE SPORTERS

Voeding is heel belangrijk voor jonge sporters. Ze groeien nog en hun botmassa is in volle ontwikkeling. Deze processen kunnen vertraagd worden door ontoereikende voeding. Vaak kiezen kinderen voor een sport die hen goed ligt op basis van hun lichaamsbouw. Kleine, fijne meisjes zullen bijvoorbeeld als bovenpartner in acrogymnastiek worden ingeschakeld. Een gespierder meisje zal eerder voor zwemmen of atletiek kiezen. Als tiener ondergaan ze veranderingen die hun lichaamsbouw volledig kunnen wijzigen. Daardoor is het mogelijk dat een andere sport hen misschien beter ligt.

Een kind groeit en het gewicht evolueert mee. Je kunt de groeicurves opvolgen, maar houd je kind ook gewoon in de gaten. Het ene kind is gespierder dan het andere en 'ondergewicht' hoeft niet per se problematisch te zijn. Als je kind de curve netjes volgt, zich goed voelt en niet klaagt over vermoeidheid of spierpijn, dan is alles waarschijnlijk in orde. Zorg er altijd voor dat je kind voldoende energie krijgt. Kinderen gaan naar school, zijn tijdens de pauzes actief en gaan na school nog sporten. Dat alles in combinatie met groeien en ontwikkelen, vraagt veel van hun lichaam. Kleine maaltijden, verdeeld over de dag, zorgen ervoor dat ze voldoende energie en voedingsstoffen binnenkrijgen.

De principes van opladen en herstelvoeding gelden net zo goed voor kinderen als voor volwassenen. Zorg er dus voor dat ze voor en na een training voldoende kunnen eten. Verdeel de maaltijd desnoods in tweeën. Maak je geen zorgen dat ze vaak nog laat eten. Je kind naar bed sturen zonder eten of drinken na een training is echt geen goed idee.

TANDEROSIE DOOR SPORTDRANKEN

We weten allemaal dat snoep en frisdrank niet goed zijn voor onze tanden. Maar wist je dat ook sportdranken suiker bevatten en dus een invloed hebben op het tandglazuur? Dat komt niet alleen door het suikergehalte, maar ook door de lage zuurtegraad, die een snelle maaglediging moet garanderen. Sportdranken zorgen daarom niet alleen voor tandbederf (cariës), maar ook voor tanderosie of slijtage van het tandglazuur.

Sporters drinken vaak kleine slokjes sportdrank die ze even in de mond houden. De combinatie van deze twee handelingen, werkt tanderosie in de hand. Speeksel neutraliseert in principe de zuren in je mond, maar tijdens het sporten produceer je door uitdroging vaak minder speeksel.

Je kunt tanderosie relatief goed herkennen. De tanden kunnen kleiner worden en geel kleuren, maar de vullingen worden niet aangetast.

Zure fruitsoorten, vruchtensap, frisdrank, wijn en sportdrank kunnen allemaal tanderosie in de hand werken.

Je kunt de effecten afzwakken, door een paar voorzorgen te nemen. Drink af en toe een grotere slok in plaats van voortdurend kleine slokjes te nemen. Houd de sportdrank niet te lang in je mond, maar slik hem door. Drinkbussen met sportdop zorgen ervoor dat je tanden grotendeels gespaard blijven en een rietje heeft hetzelfde effect.

Suikervrije kauwgom kan helpen om meer speeksel aan te maken, maar dat is niet altijd handig tijdens het sporten. Poets je tanden ongeveer een uur na het drinken van sportdrank en ga regelmatig op controle bij de tandarts.

04

HFDST 04

WAT EET JE OP VERSCHILLENDE TRAININGSDAGEN?

04

Wat eet je op verschillende trainingsdagen?

MET RECEPTEN

IN DE VOLGENDE HOOFDSTUKKEN VERTELLEN WE JE WELKE VOEDINGSMIDDELEN JE HET BESTE OP WELKE DAGEN EET EN WAAROM DAT ZO IS. DE VOEDINGSSTOFFEN WORDEN BEREKEND OP BASIS VAN HET LICHAAMSGEWICHT. DE RECEPTEN IN DIT BOEK ZIJN GEBASEERD OP EEN SPORTER MET EEN LICHAAMSGEWICHT VAN 70 KG.

Het is niet moeilijk om de porties aan te passen aan jouw lichaamsgewicht. Wil je wat gewicht verliezen? Eet dan wat minder bij elke maaltijd, maar bespaar niet op sportvoeding tijdens en meteen na de inspanning. Op die manier zullen je prestaties er niet onder lijden. Is je doel daarentegen om wat aan te komen? Eet dan een wat grotere portie bij elke maaltijd.

De onderstaande tabel geeft je een idee van wat we bedoelen met rustige en intensieve trainingsdagen. Er zijn natuurlijk nog veel meer mogelijkheden, maar het merendeel van de trainingsdagen ziet er ongeveer zo uit. Als je bijvoorbeeld meerdere trainingen op een dag combineert, heb je aan het einde waarschijnlijk eén intensieve trainingsdag gehad. Een lange duurtraining zal eerder als rustig worden ervaren.
Luister in elk geval naar je lichaam! Heb je het gevoel dat je door vermoeidheid meer energie nodig hebt, negeer dat signaal dan niet. Aan de andere kant kun je een korte, intensieve training ervaren als een relatief rustige dag. Dan eet je niet meer dan nodig is.

Werk je met een vermogensmeter of een hartslagmeter? Of krijg je hulp van een sportdiëtist? Dan ken je je energieverbruik en kun je de recepten heel nauwkeurig (laten) passen in je voedingsschema.

Kijk eens op **www.hetsportkookboek.com** om te leren hoe je recepten in je voedingspatroon verwerkt en welke specifieke voedingstips er voor jouw sportprincipe bestaan. Je vindt nog heel wat meer informatie op deze site.

Aantal trainingen per dag	Intensiteit	Type training	Duur	Voorbeeld	Recepten
0	X	X	X	rusten	RUSTDAG
1	laag	uithouding	kort	hersteltraining	RUSTDAG
1	laag	uithouding	lang	rustige, lange duurtraining	RUSTIGE TRAINING
1	laag	techniek	kort	techniektraining	RUSTIGE TRAINING
1	hoog	uithouding	lang	intensieve groepstraining/ heuveltraining/ klimtraining/ wedstrijd	INTENSIEVE TRAINING OF WEDSTRIJDDAG
1	hoog	uithouding	kort	tijdrit/intervaltraining/ wedstrijd	INTENSIEVE TRAINING OF WEDSTRIJDDAG
1	hoog	kracht	kort	krachttraining	KRACHTTRAINING
2	medium + laag	uithouding + techniek	medium + kort	medium duurtraining + techniektraining	INTENSIEVE TRAINING

Een rustdag

Een rustdag

OP EEN RUSTDAG STAAT ER IN PRINCIPE WEINIG OP HET PROGRAMMA. JE MOET MISSCHIEN WAT LOSWERKEN, MAAR EEN RUSTDAG IS VOORAL BEDOELD OM TE RECUPEREREN VAN DE VOORBIJE TRAININGEN, ZODAT JE UITGERUST AAN DE VOLGENDE DAGEN KUNT BEGINNEN.

Het is logisch dat je op rustdagen niet evenveel moet eten als op dagen waarop je intensief traint. Als de rustdag midden in een stage of meerdaagse wedstrijd valt, gelden er natuurlijk andere regels. Dan moet je van deze dag profiteren om je energievoorraden weer aan te vullen. Denk maar aan de renners in de Ronde van Frankrijk, die zich gelukkig mogen prijzen met twee rustdagen. Tijdens de wedstrijddagen is het al moeilijk genoeg om hun energieverbruik te compenseren met voldoende eten en drinken. Deze renners verbruiken bijvoorbeeld 8000 tot 10.000 kcal op dagen met een bergrit en moeten die hoeveelheid energie weer aanvullen. De maag is een beperkende factor tijdens de inspanning. Daarom krijgen de renners een uitgebreid ontbijt en is er eten voorzien van zodra ze op de bus stappen na de rit, tot aan het slapengaan. Uiteraard krijgen ze licht verteerbare voeding zodat hun lichaam 's nachts kan rusten.

In dit boek hebben we het over een rustdag in de betekenis van 'een rustige dag'. Je energieverbruik ligt lager, waardoor je al met een kleinere portie voldaan bent. Het is de ideale dag om je algemene gezondheid een boost te geven. Op intensieve trainings- en wedstrijddagen, is het niet altijd eenvoudig om aan de juiste hoeveelheid groenten en fruit te geraken. Daarom mogen ze op een rustdag niet ontbreken. Je lichaam zal minder koolhydraten nodig hebben, zo'n 3 tot 5 g per kilogram lichaamsgewicht. Voorzie wel voldoende eiwitten om te recupereren van de voorbije dagen en eet ook wat gezonde, onverzadigde vetten, die je vindt in noten, vette vis en plantaardige olie.

De timing van je maaltijden blijft belangrijk. Het is verstandiger om vijf tot zes kleinere maaltijden te verspreiden over de dag dan drie grote maaltijden te eten. Voorzie wat tussendoortjes zodat je elke twee tot drie uur iets kleins kunt eten. Zo zal je metabolisme optimaal blijven werken en voorkom je 'gevaarlijke' momenten waarbij je alles in je mond propt wat je tegenkomt. Waarschijnlijk heb je al meegemaakt dat je na een lange werkdag thuiskomt en je sinds de lunch niets meer gegeten hebt. Dan is het moeilijk om te weerstaan aan al dat lekkers in de koelkast of voorraadkast.
En, het is een cliché, maar ga nooit met honger boodschappen doen. Je vult je kar op een heel andere manier dan wanneer je met een volle maag gaat shoppen. En zodra het in je voorraad- of koelkast staat, zal het ook worden opgegeten...

Begin een rustdag net als andere dagen met een gezond ontbijt waarbij je vezels, vitaminen en mineralen eet in de vorm van volkorengraanproducten en fruit. Omdat vandaag je energieverbruik lager ligt, kies je als tussendoortjes energiearme snacks zoals smoothies en verse soep. Ook in de hoofdmaaltijden is de hoeveelheid koolhydraten op rustdagen beperkter dan op trainingsdagen.

DE BELANGRIJKSTE KENMERKEN VAN EEN RUSTDAG

- Je hebt een lager energieverbruik, dus een lagere energie-inname.
- Het is het moment om je algemene gezondheid een boost te geven:
    - met veel groenten en fruit;
    - met minder koolhydraten dan op andere dagen, met name 3 tot 5 g/kg LG (lichaamsgewicht);
    - met voldoende eiwitten om te recupereren van de vorige dagen;
    - met gezonde vetten zoals noten, vette vis en plantaardige olie.

ONTBIJT

ONTBIJTSHAKE MET BLAUWE BESSEN

BEREIDINGSTIJD: 10 MINUTEN
PER PERSOON
VOEDINGSWAARDE PER PERSOON:
415 KCAL
80 G KH
15 G E
5 G V

Ingrediënten:
200 g magere yoghurt
200 g blauwe bessen
3 el havermout (ongekookt)
2 tl grenadine
een handvol verse munt
1 kiwi
2 volkorencrackers

Bereiding:
Mix de yoghurt met de bessen, de havermout, de grenadine, de munt en de kiwi in de blender tot een luchtige shake. Mix er eventueel wat ijsblokjes bij. Serveer met crackers om te dippen.

WIST JE DAT je niet per se naar speciale superfoods met extra gezonde eigenschappen op zoek moet gaan? Heel wat dagelijkse fruit- en groentesoorten verdienen al de stempel 'superfood'. Gojibessen, acerolakersen, chiazaad, tarwegras of hennepzaad mogen natuurlijk op je menu staan, maar het is geen must. Vaak zijn ze duur en hebben ze een lange afstand afgelegd voor ze op je bord terechtkomen. Denk bovendien ook eens aan de mensen die deze voedingsmiddelen telen en ze wel broodnodig hebben bij gebrek aan alternatieven...

ONTBIJT

WENTELTEEFJES MET APPELS EN KANEEL

BEREIDINGSTIJD: 25 MINUTEN
PER PERSOON
VOEDINGSWAARDE PER PERSOON:
525 KCAL
72 G KH
14 G E
22 G V

Ingrediënten:
1 appel
15 g gedroogde abrikozen
15 g rozijnen
15 g pijnboompitten
1 tl kaneelpoeder
1 tl honing
1 ei
2 el magere melk
2 sneden volkoren- of roggebrood
1 tl plantaardige olie om te bakken

Bereiding:
Schil de appel, verwijder het klokhuis en snijd hem in partjes. Bak de appel in een pan met antiaanbaklaag op een middelhoog vuur. Snijd de abrikozen in kleine stukjes en doe ze bij de appel samen met de rozijnen en de pijnboompitten. Doe er de kaneel, de honing en een paar lepels water bij en stoof gaar onder deksel.
Klop het ei los met de melk. Leg het brood even in het mengsel zodat het alles absorbeert. Bak aan beide kanten krokant in wat plantaardige olie en serveer met het vruchtenmengsel.

ONTBIJT

YOGHURT MET MANGO, GRANAATAPPEL, CHILI, GEMBER EN HAVERVLOKKEN

BEREIDINGSTIJD: 15 MINUTEN
PER PERSOON
VOEDINGSWAARDE PER PERSOON:
535 KCAL
80 G KH
14 G E
20 G V

Ingrediënten:
150 g verse mango
1 kiwi
1/4 chilipeper
1 cm verse gember
2 el granaatappelpitten
30 g havervlokken
100 g magere yoghurt
30 g hazelnoten
1 el ahornsiroop

Bereiding:
Snijd de mango en de kiwi in blokjes. Snipper de chilipeper en de gember heel fijn. Meng het fruit met de chili, de gember, de granaatappelpitten en de havervlokken. Schep het op de yoghurt. Werk af met gehakte hazelnoten en ahornsiroop.

TUSSENDOOR

PINDASOEP

BEREIDINGSTIJD: 45 MINUTEN
VOOR 1.5 L
VOEDINGSWAARDE PER PERSOON:
140 KCAL
12 G KH
5 G E
8 G V

Ingrediënten:
2 wortelen
2 stengels witte selderij
1 rode paprika
2 teentjes knoflook
1 ui
1 tl plantaardige olie
1 l groentebouillon
200 g tomaten uit blik
peper en zout
70 g pindakaas
2 el pikante chilisaus

Bereiding:
Maak alle groenten schoon en snijd ze in stukken. Snipper de knoflook fijn. Stoof de ui glazig in de olie en en doe er de gesneden groenten bij. Voeg de bouillon en de tomaten toe. Kruid met peper en zout en laat 40 minuten garen onder deksel.
Mix de soep met de pindakaas en breng op smaak met chilisaus.

TIP Dit is voldoende voor meerdere porties. Je kunt de soep in kleine porties bewaren in de koelkast of diepvriezer, zodat je ze maar hoeft op te warmen bij een volgende gelegenheid.

TUSSENDOOR

SMOOTHIE MET KOKOS EN WATERKERS

BEREIDINGSTIJD: 15 MINUTEN
PER PERSOON
VOEDINGSWAARDE PER PERSOON:
100 KCAL
20 G KH
6 G E
1 G V

Ingrediënten:
1/2 komkommer
1/2 groene appel
50 g waterkers
100 g magere melk
50 g kokoswater
versgemalen zwarte peper

Bereiding:
Schil de komkommer en de appel en snijd ze in stukken. Doe er de gewassen waterkers bij. Mix met de melk en het kokoswater in de blender. Breng op smaak met versgemalen zwarte peper.

LUNCH

HARINGSALADE MET APPEL EN AARDAPPEL

BEREIDINGSTIJD: 35 MINUTEN
PER PERSOON
VOEDINGSWAARDE PER PERSOON:
575 KCAL
81 G KH
36 G E
14 G V

Ingrediënten:
200 g aardappelen, geschild
100 g sperzieboontjes
150 g broccoli, in roosjes
1/2 rode ui
1 appel
een handvol verse dille
1 el magere mayonaise
100 g Zweedse haring
peper en zout

Bereiding:
Snijd de aardappelen in blokjes en kook ze gaar in gezouten water. Verfris onder koud stromend water.
Snijd de boontjes in kleine stukjes en blancheer ze 2 minuten met de broccoli in gezouten kokend water. Verfris onder koud stromend water.
Pel de ui en snipper hem fijn. Snijd de appel in dunne plakjes.
Hak de dille en meng met de mayonaise.
Snijd de haring in stukjes. Meng met de aardappelen, boontjes, broccoli, ui en appel. Breng op smaak met peper en zout en schep er de dressing door.

LUNCH

SALADE VAN RODE BIET MET QUINOA

BEREIDINGSTIJD: 30 MINUTEN
PER PERSOON
VOEDINGSWAARDE PER PERSOON:
660 KCAL
84 G KH
22 G E
28 G V

Ingrediënten:
50 g quinoa
groentebouillon
20 g ongezouten cashew-noten
150 g rode biet, voorgekookt
1 groene appel
2 lente-uien
1/2 rode ui
de geraspte schil en het sap van 1 sinaasappel
1 tl olijfolie
peper en zout
50 g zachte geitenkaas

Bereiding:
Kook de quinoa gaar in wat groentebouillon volgens de aanwijzingen op de verpakking. Giet af en laat afkoelen.
Rooster intussen de noten in een pan met antiaanbaklaag (zonder vetstof) of in de oven.
Snijd de rode biet en de appel in blokjes. Snipper de lente-ui en snijd de rode ui in dunne ringen. Meng de quinoa met de groenten en roer er het sinaasappelsap, de zeste en de olijfolie door. Kruid met peper en zout. Werk af met verkruimelde geitenkaas en noten.

WIST JE DAT quinoa een perfect alternatief is voor pasta, rijst, aardappelen en andere graansoorten? Quinoa is bovendien glutenvrij en past dus helemaal in een dieet zonder gluten.
Het wordt vaak bestempeld als superfood, maar het vezel- en vitaminegehalte is niet hoger dan dat van andere granen. Het bevat wel hoogwaardige eiwitten en is gezond, maar de boodschap blijft toch: variëren!

LUNCH

BRUINE RIJST MET FETA EN ARTISJOK

BEREIDINGSTIJD: 50 MINUTEN
PER PERSOON
VOEDINGSWAARDE PER PERSOON:
670 KCAL
86 G KH
20 G E
30 G V

Ingrediënten:
4 artisjokbodems
40 g feta
1 tl olijfolie
1 tl gedroogde oregano
1 takje citroentijm
peper van de molen
1 teentje knoflook
75 g bruine rijst, ongekookt
1/2 avocado
gesnipperde peterselie voor de afwerking

Bereiding:
Verwarm de oven voor op 180 °C.
Snijd de artisjokbodems in stukken en leg ze in een ovenschaaltje. Brokkel er de feta over en druppel er de olijfolie over. Kruid met oregano, citroentijm en peper. Pel de knoflook en snipper hem fijn. Strooi over de feta. Dek af met aluminiumfolie en bak 20 minuten in de oven.
Kook de rijst gaar. Snijd het vruchtvlees van de avocado in blokjes. Serveer de rijst met de gebakken artisjokken en avocado. Werk af met peterselie.

LUNCH

SALADE MET SPRUITJES, WITLOF EN BRIE

BEREIDINGSTIJD: 30 MINUTEN
PER PERSOON
VOEDINGSWAARDE PER PERSOON:
655 KCAL
60 G KH
30 G E
35 G V

Ingrediënten:
100 g spruitjes
50 g erwtjes
1 stronkje witlof
20 g macadamianoten
1 tl olijfolie
het sap van 1/2 limoen
peper en zout
30 g brie
50 g gekookt kippenwit
3 sneetjes volkorenbrood

Bereiding:
Maak de spruitjes schoon en verdeel ze in blaadjes. Blancheer ze samen met de erwtjes in kokend, lichtgezouten water. Giet af en verfris meteen onder koud stromend water.
Verdeel het witlof in blaadjes. Meng met de spruitjes en de erwtjes. Hak de noten en hussel ze door de sla.
Meng de olijfolie met het limoensap en kruid met peper en zout. Doe de dressing bij de salade en werk af met stukjes brie en kippenwit. Geef er volkorenbrood bij.

DINER

KABELJAUWHAASJE MET FRISSE COUSCOUS

BEREIDINGSTIJD: 45 MINUTEN
PER PERSOON
VOEDINGSWAARDE PER PERSOON:
750 KCAL
66 G KH
40 G E
35 G

Ingrediënten:
70 g couscous, ongekookt
2 dl groentebouillon
1/2 sjalot
1 teentje knoflook
1/2 groene chilipeper
een handvol korianderblaadjes
1/2 bosje dille
1/2 bosje munt
1 tl druivenpitolie
het sap van 1/2 limoen
30 g pijnboompitten, geroosterd
1 lente-ui, gesnipperd
peper en zout
100 g sperzieboontjes
150 g kabeljauwhaasje

Bereiding:
Doe de couscous in een kom. Breng de bouillon aan de kook, giet hem over de couscous en laat wellen. Maak los met een vork en laat volledig afkoelen.
Snipper de sjalot, de knoflook en de chilipeper fijn.
Mix de koriander, dille en munt in de blender met de olie en het limoensap. Meng met de pijnboompitten en het lente-uitje. Roer de sjalot, knoflook, de chilipeper en de pesto door de couscous.
Blancheer de sperzieboontjes in lichtgezouten kokend water.
Bak het kabeljauwhaasje eerst op de velkant. Serveer met de frisse couscous en de boontjes.

DINER

VEGETARISCHE CHILI CON CARNE

BEREIDINGSTIJD: 45 MINUTEN
PER PERSOON
VOEDINGSWAARDE PER PERSOON:
600 KCAL
85 G KH
35 G E
12 G V

Ingrediënten:
1 zoete ui
1 teentje knoflook
1/2 wortel
1 tl arachideolie
150 g quorn
1 rode paprika
1 tl chilivlokken
1 tl paprikapoeder
1 tl komijnpoeder
1 kaneelstokje
1 blaadje laurier
1 el bloem
1 tl tomatenpuree
100 g gepelde tomaten
1 dl groentebouillon
60 g rode bonen (blik)
50 g zoete mais (blik)
enkele jalapeñopepers
zeezout en peper
40 g bruine rijst, ongekookt
1 el (magere) zure room
1/2 bundel koriander

Bereiding:
Pel de ui en de knoflook en snipper ze fijn. Schil de wortel en snijd hem in kleine stukjes. Bak de ui, knoflook en wortel in de olie.
Voeg er de quorn aan toe en laat bruin worden.
Verwijder zaden en zaadlijsten van de paprika en snijd hem in stukken. Doe hem bij de quorn en kruid met chili, paprikapoeder, komijnpoeder, kaneel en laurier. Roer om en bak 5 minuten.
Strooi er de bloem over en roer om. Voeg er de tomatenpuree aan toe en bak een paar minuten. Doe er de gepelde tomaten en de bouillon bij, dek af en laat 30 minuten sudderen op een laag vuur.
Spoel de rode bonen onder stromend water en laat uitlekken.
Doe de mais en de bonen tegen het einde van de gaartijd bij de chili. Voeg jalapeñopepers naar smaak toe. Breng op smaak met zeezout en peper.
Kook de rijst gaar.
Serveer de chili met gekookte rijst en werk af met zure room en gesnipperde koriander.

DINER

VOLKORENPASTA MET KALKOEN EN GROENE GROENTEN

BEREIDINGSTIJD: 30 MINUTEN
PER PERSOON
VOEDINGSWAARDE PER PERSOON:
675 KCAL
69 G KH
40 G E
27 G V

Ingrediënten:
75 g verse (volkoren)pasta, ongekookt
1/2 sjalot
1 teentje knoflook
1 tl olijfolie
50 g kalkoenfilet (of vlees van de bouten), in stukjes
100 g sluimererwten
70 g sperzieboontjes
100 g spinazie
50 g erwtjes
2 el sojaroom
peper en zout
25 g amandelen
15 g geraspte parmezaan

Bereiding:
Kook de pasta al dente in lichtgezouten water.
Pel de sjalot en de knoflook en snipper ze fijn. Fruit ze in de olijfolie. Doe er de kalkoen bij en bak goudbruin.
Snijd de sluimerwtjes en boontjes in kleine stukjes. Maak de spinazie schoon. Doe de sluimererwtjes en boontjes bij het vlees en laat even garen. Voeg er dan de spinazie en de erwtjes aan toe. Werk af met de room. Breng op smaak met peper en zout.
Rooster de amandelen in een pan met antiaanbaklaag (zonder vetstof) en hak ze grof.
Serveer de pasta met de kalkoen en de groenten. Strooi er de amandelen over en werk af met geraspte parmezaan.

DINER

PAPRIKA GEVULD MET AARDAPPELTJES

BEREIDINGSTIJD: 45 MINUTEN
PER PERSOON
VOEDINGSWAARDE PER PERSOON:
685 KCAL
83G KH
29 G E
29 G V

Ingrediënten:
100 g aardappelen
2 dl groentebouillon
50 g linzen
1/2 sjalot
1/2 teentje knoflook
1/2 chilipeper
1 tl olijfolie
30 g cashewnoten
20 g rozijnen
peper en zout
1 tl komijnpoeder
1/2 bundel peterselie
30 g blauwschimmelkaas
1 rode paprika

Bereiding:
Verwarm de oven voor op 180 °C.
Was de aardappelen grondig en snijd ze in blokjes zonder te schillen. Gaar ze in de groentebouillon. Gaar de linzen apart in de bouillon. Giet af.
Pel de sjalot en de knoflook en snipper ze fijn. Hak de chilipeper fijn. Fruit in wat olijfolie. Doe er de noten en de rozijnen bij en roer er dan de aardappelen en de linzen door. Kruid met peper, zout en komijnpoeder.
Snipper de peterselie en verkruimel de kaas. Voeg dit bij het aardappelmengsel.
Halveer de paprika en verwijder zaden en zaadlijsten. Vul de beide helften met het aardappelmengsel en leg ze in een ovenschaal. Dek af met aluminiumfolie en bak 15 minuten in de oven.

DINER

AARDAPPELCOUSCOUS MET GROENTEN EN SEITAN

BEREIDINGSTIJD: 40 MINUTEN
PER PERSOON
VOEDINGSWAARDE PER PERSOON:
520 KCAL
82 G KH
35 G E
7 G V

Ingrediënten:
300 g vastkokende aardappelen
1/2 wortel
1/2 courgette
1/2 oranje paprika
1/2 zoete ui
1/2 teentje knoflook
100 g seitan
1 tl olijfolie
1 tl couscouskruiden
peper en zout
1,5 dl kippenbouillon
een handvol bladpeterselie
enkele takjes koriander
de geraspte schil van 1/2 limoen

Bereiding:
Schil de aardappelen en de wortel. Snijd de aardappelen, wortel, courgette en paprika in kleine blokjes (brunoise). Snipper de ui en de knoflook. Snijd de seitan in stukjes.
Fruit de ui en de knoflook in de olijfolie. Doe er de seitan bij. Voeg er de groenten aan toe en kruid met couscouskruiden, peper en zout.
Roer goed om en schenk er de bouillon bij. Laat garen tot alle bouillon is opgenomen en de groenten zacht zijn.
Snipper de peterselie en de koriander en strooi over de aardappelcouscous. Werk af met limoenzeste.

GAELLE MYS

gymnaste

'Als gymnaste train ik 25 tot 30 uur per week. Elke zaterdag en elke tweede zondag is een rustdag, waarop er geen trainingen op het programma staan. Op die rustdagen span ik me natuurlijk veel minder in dan op trainingsdagen, waardoor ik veel minder of zelfs helemaal geen koolhydraten eet.

Voeding is erg belangrijk voor mij, en dat om verschillende redenen. Ik moet genoeg energie binnenkrijgen om een training tot een goed einde te brengen, maar voor mijn algemene gezondheid is het natuurlijk ook belangrijk om voldoende vitaminen en mineralen op te nemen. Als ik een hoog niveau wil halen in mijn discipline, moet mijn lichaam fit zijn en scherp staan. In gymnastiek is dat lichaam mijn belangrijkste werkinstrument, en hoe meer vetmassa ik meedraag, hoe moeilijker het is om mezelf op te tillen en foutloos (dus met gestrekte benen en voeten) te turnen. Het is noodzakelijk dat ik het juiste evenwicht vind tussen spier- en vetmassa om op hoog niveau te kunnen presteren. De coaches houden alle gegevens van hun turners nauwkeurig bij om eetstoornissen te voorkomen.

Ik woon op dit moment nog thuis en mijn mama zorgt voor het eten, maar ik probeer er ook zelf steeds meer mee bezig te zijn. Mijn familie is vrij sportief en gezond koken en eten was altijd al belangrijk. Er wordt absoluut rekening gehouden met mijn sportieve behoeften. Als je zeven uur per dag traint, besef je heel snel dat voldoende en regelmatig eten erg belangrijk is.

Af en toe moet ik wat vermageren en maak ik de porties kleiner. Op die momenten kan ik me wat zwakker voelen. Ik moet er ook aan denken om voldoende te drinken, want dat vergeet ik weleens. Ik houd van thee en doe soms wat grenadine bij mijn water. Dat motiveert me om meer te drinken. Tijdens heel intensieve trainingen en wedstrijden kies ik voor sportdrank. Na afloop drink ik een recuperatieshake. Vroeger hoefde dat niet, maar naarmate ik ouder word, heb ik het echt wel nodig.'

Een rustige trainingsdag

Een rustige trainingsdag

EEN RUSTIGE TRAININGSDAG ZIET ER VOOR ELKE SPORTER ANDERS UIT. VAAK GAAT HET OM TECHNIEKTRAINING OF RUSTIGE DUURTRAINING.

Duurtrainingen worden gebruikt om je basisconditie te verbeteren. Je sport aan een lage intensiteit maar gedurende een langere tijd. Die basisuithouding is nodig vooraleer je intensiever kunt trainen. De intensiteit tijdens deze trainingen ligt laag en je lichaam zal vooral energie halen uit de verbranding van vetten. Op die manier leert je lichaam om de (beperkte) koolhydratenreserve langer te sparen. Dit type trainingen wordt vooral ingepland in de opbouw naar een nieuw sportseizoen toe (bijvoorbeeld tijdens de winterperiode), maar het is natuurlijk belangrijk om de basisconditie het hele seizoen door te onderhouden. Er zal dus regelmatig een dag duurtraining op het programma staan.

Zoals je weet beschikt je lichaam over een beperkte koolhydratenreserve. In sporten zoals marathons, wielrennen en triatlons is het daarom interessant om je vetmetabolisme te trainen en ervoor te zorgen dat je lichaam zo lang mogelijk op vetverbranding functioneert voor het overgaat op de verbranding van koolhydraten. Je kunt dit metabolisme aanzwengelen door nuchter te trainen of een training te plannen na een maaltijd waarbij je slechts een beperkte hoeveelheid koolhydraten eet.

Op dagen met rustige duurtraining moet je dus meer koolhydraten (5 tot 7 g/kg LG) voorzien dan op rustdagen, maar je kunt de timing zo aanpassen dat je tijdens de duurtraining toch vooral vetten verbrandt.

Lange duurtrainingen van meer dan twee uur mag je niet nuchter uitvoeren. Je moet in dat geval ook wat koolhydraten en vocht voorzien. Een isotone sportdrank is ideaal, want hij vult niet alleen je vochtreserve aan, maar geeft ook ongeveer 30 gram koolhydraten (500 ml) per uur, waardoor je het tempo kunt aanhouden en niet helemaal leeg thuiskomt.

Na een duurtraining, en in het bijzonder na een nuchtere duurtraining, moet je zo snel mogelijk een herstelmaaltijd eten. Die bevat een combinatie van koolhydraten en eiwitten en zorgt ervoor dat je goed herstelt en met een gevuld gevoel verder kunt. Maaltijden zonder koolhydraten zijn altijd lichter en kunnen je later op de dag naar ongezonde voeding doen grijpen.

Wil je nog wat gewicht verliezen? Combineer de duurtrainingen dan met een negatieve energiebalans. Aan het einde van de dag heb je minder kcal gegeten dan je hebt verbruikt. Om daar zo weinig mogelijk hinder van te ondervinden, verklein je bij voorkeur de porties van je laatste hoofdmaaltijd (je avondmaal) en verlaag je de hoeveelheid koolhydraten. Zo kun je goed trainen en, omdat er voldoende eiwitten voorzien zijn, zal ook het nachtelijk spierherstel geen gevaar lopen. Uiteraard hoef je dit niet te doen als je op een ideaal gewicht zit.

DE BELANGRIJKSTE KENMERKEN VAN EEN RUSTIGE TRAININGSDAG

- Trainen aan een lage hartslag om de vetverbranding te stimuleren of om je techniek bij te schaven.
- Tijdens de training volstaat 30 g kh/uur.
- De gemiddelde kh-inname is 5 tot 7 g/kg LG. Pas de timing eventueel aan.
- Houd je aan een normale eiwit- en vetinname.

ONTBIJT

BOEKWEITPANNENKOEKEN MET RABARBER EN AARDBEI

BEREIDINGSTIJD: 40 MINUTEN
PER PERSOON
VOEDINGSWAARDE PER PERSOON:
680 KCAL
103 G KH
33 G E
16 G V

Ingrediënten:
250 g aardbeien
200 g rabarber
20 g suiker
2 el stevia
2 stuks steranijs
een handvol verse munt
2 eieren
300 ml magere melk
snufje zout
100 g boekweitmeel
1 tl plantaardige olie

Bereiding:
Was de aardbeien en verwijder de groene steeltjes. Schil de rabarber en snijd hem in stukjes. Doe alles in een kookpot met de suiker, de stevia, de steranijs en een scheutje water.
Laat 20 minuten op een laag vuur sudderen. Zet de pot van het vuur en doe er de gesnipperde munt bij. Deze fruitcompote bewaart minstens een week in de koelkast.
Klop voor de pannenkoeken de eieren los met de melk en een snufje zout. Roer er met een garde het boekweitmeel door tot een glad beslag.
Verhit een koffielepel olie in een koekenpan met antiaanbaklaag op een hoog vuur. Schep er een vierde van het beslag in en draai het vuur lager. Draai de pannenkoek om als de bovenkant opdroogt en bak hem bruin aan de andere kant.
Serveer de pannenkoeken met de compote.

ONTBIJT

HAVERMOUT MET GEDROOGDE VRUCHTEN EN AHORNSIROOP

BEREIDINGSTIJD: 25 MINUTEN
PER PERSOON
VOEDINGSWAARDE PER PERSOON:
510 KCAL
93 G KH
13 G E
13 G V

Ingrediënten:
1 dl magere melk
3 el havermout
40 g gedroogde vruchten
20 g geschaafde amandelen
1 peer
1 el ahornsiroop

Bereiding:
Kook de melk met de havermout en de gedroogde vruchten. Blijf roeren tot de pap dikt.
Rooster de amandelen in een pan met antiaanbaklaag zonder vetstof. Verwijder het klokhuis van de peer en snijd het vruchtvlees in blokjes.
Werk de havermout af met peer, amandelen en ahornsiroop.

ONTBIJT

VOLKORENTOAST MET BANAAN, PINDA'S EN CHOCOLADE

BEREIDINGSTIJD: 20 MINUTEN
PER PERSOON
VOEDINGSWAARDE PER PERSOON:
535 KCAL
70 G KH
16 G E
25 G V

Ingrediënten:
2 sneetjes volkorenbrood
1 banaan
50 g pinda's, gezouten of ongezouten naar smaak
2 el cottagecheese
30 g pure chocolade

Bereiding:
Rooster het brood. Snijd de banaan in plakjes. Hak de noten fijn met een mes of in de keukenmachine.
Beleg het brood met cottagecheese en banaan. Strooi er de noten en de geraspte chocolade over.

WIST JE DAT pure chocolade gezonder is dan melkchocolade? Het bevat veel minder suiker en bovendien zitten er meer antioxidanten in, die het lichaam beschermen tegen zogenaamde 'vrije radicalen' en dus tegen veroudering en bepaalde kankers. Let wel op! Het vetgehalte van pure chocolade is even hoog als dat van melkchocolade. Houd de porties dus beperkt.

TUSSENDOOR

HAVERMOUTKOEKJES MET BANAAN EN HAZELNOOT

BEREIDINGSTIJD: 40 MINUTEN
VOOR 10 KOEKJES
VOEDINGSWAARDE PER PORTIE (= 2 KOEKJES):
195 KCAL
30 G KH
4 G E
8 G V

Ingrediënten:
20 g hazelnoten
2 bananen
100 g havermout
20 g gemalen kokos
30 g blonde rozijnen
20 g margarine

Bereiding:
Verwarm de oven voor op 180 °C.
Hak de hazelnoten in de keukenmachine of met een mes. Pel de bananen en prak ze met een vork. Meng de banaan met de havermout, de kokos, de rozijnen en de hazelnoten.
Smelt de margarine en roer door het beslag.
Bekleed een bakplaat met bakpapier. Maak tien hoopjes van het deeg en bak 15 minuten in de oven. Laat de koekjes afkoelen op een rooster.

TUSSENDOOR

MUESLIREPEN

BEREIDINGSTIJD: 3 UUR
VOOR 8 REPEN
VOEDINGSWAARDE PER PORTIE (= 1 REEP):
230 KCAL
35 G KH
7 G E
10 G V

Ingrediënten:
250 g ontpitte dadels
20 g walnoten
45 g macadamianoten
40 g pure chocolade
100 g havervlokken
20 g geroosterde zonnebloempitten

Bereiding:
Mix de dadels tot een bal in de keukenmachine of hak ze heel fijn met een mes.
Maal de walnoten, macadamianoten en chocolade fijn.
Meng de dadels, de noten en de chocolade met de havervlokken en de zonnebloempitten.
Bekleed een bakblik met bakpapier en doe er het mengsel in. Druk goed aan. Laat wat hard worden.
Haal uit het bakblik en snijd in acht repen. Laat verder uitharden.

LUNCH

TAGLIATELLE MET GEGRILDE PAPRIKA'S, ANSJOVIS EN RUCOLA

BEREIDINGSTIJD: 40 MINUTEN
PER PERSOON
VOEDINGSWAARDE PER PERSOON:
730 KCAL
107 G KH
36 G E
19 G V

Ingrediënten:
2 rode paprika's
150 g verse tagliatelle
1 el zeezout
1/2 rode ui
1/2 teentje knoflook
1 tl olijfolie
4 gezouten ansjovisfilets
een handvol rucola
peper van de molen
30 g parmezaan
2 el kappertjes

Bereiding:
Verwarm de oven voor op 220 °C.
Snijd de paprika overlangs in tweeën en verwijder zaden en zaadlijsten. Leg ze met de velkant naar boven in een ovenschaal en rooster ze 15 minuten in de oven. Laat afkoelen en pel ze. Snijd ze in reepjes.
Kook de tagliatelle beetgaar in water met zeezout en giet af.
Snipper de ui en de knoflook en fruit in de olijfolie. Doe er de in stukjes gesneden ansjovis en de paprika bij.
Voeg er de pasta en de rucola aan toe en laat even meebakken.
Kruid met versgemalen peper en werk af met geraspte parmezaan en kappertjes.

LUNCH

KIP MET AARDAPPEL EN AARDPEER UIT DE OVEN

BEREIDINGSTIJD: 45 MINUTEN
VOOR 1 PERSOON
VOEDINGSWAARDE PER PORTIE
675 KCAL
116 G KH
32 G E
11 G V

Ingrediënten:
300 g kleine, vastkokende aardappelen
300 g aardperen
enkele takjes citroentijm
peper en zout
100 g gerookte kalkoen of kip
60 g groene olijven, ontpit
1 el oregano
een handvol salieblaadjes
een handvol bladpeterselie

Bereiding:
Verwarm de oven voor op 200 °C.
Schrob de aardappelen schoon maar schil ze niet. Kook ze 10 minuten in lichtgezouten water. Giet af en snijd overlangs in twee. Leg ze in een ovenschaal.
Schrob de aardperen schoon en snijd ze in plakken van 1 cm. Doe ze bij de aardappel. Rits er de citroentijm over en kruid met peper en zout.
Bak 25 minuten.
Snijd de gerookte kalkoen in plakken en doe dit samen met de olijven bij de aardappelen en aardperen. Kruid met oregano en verse salie. Roer goed om en bak nog eens 20 minuten in de oven. Werk af met gesnipperde peterselie.

LUNCH

NOEDELSALADE MET SHIITAKES EN GROENE ASPERGES

BEREIDINGSTIJD: 30 MINUTEN
VOOR 1 PERSOON
VOEDINGSWAARDE PER PORTIE
720 KCAL
116 G KH
28 G E
18 G V

Ingrediënten:
125 g eiernoedels, ongekookt
100 g groene asperges
150 g shiitakes
1 tl geroosterde sesamolie
1 el gembersiroop
1 el sojasaus
een handvol korianderblaadjes
2 lente-uitjes
peper van de molen en fijn zeezout
1 el pinda's
1 el geroosterde sesamzaadjes

Bereiding:
Kook de noedels beetgaar in lichtgezouten water. Giet af en spoel onder koud stromend water. Laat goed uitlekken.
Snijd de groene asperges in stukken van 3 cm en blancheer 2 minuten in lichtgezouten kokend water. Spoel onder koud stromend water en laat uitlekken.
Maak de shiitakes schoon en snijd in stukken. Bak ze in de olie en doe ze bij de noedels. Roer er voorzichtig de gembersiroop en de sojasaus door.
Strooi er de gesnipperde koriander en lente-ui over. Kruid met versgemalen peper en fijn zeezout. Werk af met de pinda's en het sesamzaad.

LUNCH

RIJSTSALADE MET GROENE GROENTEN, GARNALEN EN GEKOOKT EI

BEREIDINGSTIJD: 25 MINUTEN
PER PERSOON
VOEDINGSWAARDE PER PERSOON:
725 KCAL
100 G KH
35 G E
22 G V

Ingrediënten:
100 g wilde of bruine rijst
150 g broccoli
100 g suikererwten (sugar snaps)
1/2 sjalot
1/2 teentje knoflook
3 cm gember
1 tl olijfolie
1 ei
20 g cashewnoten
40 g garnalen
fleur de sel
peper van de molen

Bereiding:
Kook de rijst gaar in lichtgezouten water.
Verdeel de broccoli in roosjes en blancheer in lichtgezouten water. Blancheer de suikererwten ook in lichtgezouten water. Spoel ze onder koud stromend water en laat uitlekken. Hak de broccoli nog kleiner en snijd de suikererwten in fijne reepjes.
Pel de sjalot en de knoflook en snipper ze fijn. Schil de gember en snijd hem in kleine stukjes. Fruit alles in de olijfolie. Doe er de broccoli en de suikererwten bij en bak kort.
Kook het ei 8 minuten in lichtgezouten water. Spoel onder koud water, pel en snijd in tweeën.
Hak de cashewnoten grof.
Meng de groenten met de garnalen en de noten. Kruid met fleur de sel en versgemalen peper.

DINER

GEWOKTE GROENTEN MET KIP EN OESTERSAUS

BEREIDINGSTIJD: 30 MINUTEN
VOOR 1 PERSOON
VOEDINGSWAARDE PER PORTIE
600 KCAL
71 G KH
45 G E
15 G V

Ingrediënten:
50 g groene boontjes
50 g peultjes
50 g wortelen
1/4 paksoi
100 g kippenvlees (van de bouten)
4 cm verse gember
1/2 zachte chilipeper
75 g Chinese mie (ongekookt)
een snufje zout
1 tl sesamolie
2 el oestersaus
50 g sojascheuten
een handvol verse koriander

Bereiding:
Maak de boontjes, de peultjes en de wortelen schoon en snijd ze in stukken. Spoel de paksoi en snijd hem in repen. Snijd de kip in repen. Schil de gember en snipper hem met de chilipeper fijn.
Kook de mie 2 minuten in gezouten water en giet af.
Verhit de sesamolie in een wok op hoog vuur. Roerbak de boontjes, peultjes, wortelen, kip, gember en chilipeper. Doe er de oestersaus en een scheutje water bij.
Zet het vuur lager en laat alles even verder garen. Doe er de paksoi en de mie bij en laat 1 minuut doorwarmen.
Werk af met sojascheuten en gesnipperde koriander.

DINER

INDONESISCHE BOUILLON MET VISBALLETJES

BEREIDINGSTIJD: 35 MINUTEN
VOOR 1 PERSOON
VOEDINGSWAARDE PER PORTIE
635 KCAL
70 G KH
41 G E
22 G V

Ingrediënten:
1/2 ui
1 teentje knoflook
5 cm gember
50 g wortelen
1 tl arachideolie
3 dl groentebouillon
50 g champignons
50 g eiernoedels, ongekookt
100 g Chinese kool
100 g visballetjes (Aziatische supermarkt)
50 g stevige tofoe
50 g erwtjes
1 el lichte sojasaus
1 tl vissaus
1 tl chilisaus
1 el ketjap manis
een handvol sojascheuten
een handvol korianderblaadjes

Bereiding:
Pel de ui en de knoflook en snipper ze fijn. Schil de gember en de wortelen en snijd ze in kleine stukjes. Fruit de ui met de knoflook in de olie en doe er de gember en de wortelen bij. Giet er de bouillon over en breng aan de kook.
Borstel de champignons schoon en snijd ze in plakjes. Doe ze bij de wortelen. Laat alles gaar koken.
Kook de noedels in lichtgezouten water en giet af.
Snijd de Chinese kool in fijne reepjes. Snijd de visballetjes en de tofoe in stukken. Doe de kool, vis en tofoe bij de soep en voeg er de erwtjes aan toe.
Breng op smaak met sojasaus, vissaus, chilisaus en ketjap manis. Werk af met sojascheuten en gesnipperde koriander.

DINER

PAPILLOT MET KABELJAUW, TIJM EN KERSTOMATEN

BEREIDINGSTIJD: 35 MINUTEN
VOOR 1 PERSOON
VOEDINGSWAARDE PER PORTIE
635 KCAL
81 G KH
46 G E
16 G V

Ingrediënten:
120 g kabeljauwhaasje
1/2 venkelknol
50 g courgette
100 g kerstomaten
50 g sperziebonen
50 g sojascheuten
het sap van 1/2 limoen
peper en zout
enkele takjes tijm
60 g bruine rijst

Bereiding:
Verwarm de oven voor op 210 °C.
Neem een stuk aluminiumfolie van 40 x 40 cm en leg de kabeljauw in het midden.
Maak de venkel en de courgette schoon en snijd ze in stukjes. Leg de venkel, courgette, kerstomaatjes, sperziebonen en sojascheuten op de vis. Giet er het limoensap over en kruid met peper en zout. Strooi er blaadjes tijm over.
Vouw het zilverpapier dicht en zorg dat het pakket goed gesloten is. De vis moet garen in de stoom.
Zet 15 minuten in de oven en serveer met gekookte rijst.

DINER

SALADE VAN TANDOORIKIP EN MANGO

BEREIDINGSTIJD: 35 MINUTEN
VOOR 1 PERSOON
VOEDINGSWAARDE PER PORTIE
670 KCAL
65 G KH
47 G E
27 G V

Ingrediënten:
2 el magere yoghurt
1 tl tandoorikruiden
een snuifje zout
120 g kipfilet
3 sneetjes bruinbrood
gemengde sla
1/4 komkommer
1/2 rode ui
1/2 mango
2 tl olijfolie
100 g kerstomaten
het sap van 1 limoen
1 lente-uitje of enkele sprietjes bieslook
een handvol verse koriander

Bereiding:
Meng de yoghurt met de tandoorikruiden en een snufje zout.
Snijd de kipfilet in reepjes en giet er de yoghurt over. Laat enkele uren marineren in de koelkast.
Snijd de korst van het brood en snijd het kruim in blokjes. Bak ze krokant in een pan met antiaanbaklaag of rooster ze goudbruin in de oven.
Maak de sla schoon en scheur hem in stukken. Snijd de komkommer in plakjes. Snipper de ui en snijd de mango en kerstomaatjes in blokjes. Meng alles met 1 theelepel olijfolie.
Haal de kip uit de koelkast en bak goudbruin en gaar in een pan met antiaanbaklaag in 1 theelepel olijfolie.
Verdeel de kip over de salade. Werk af met limoensap, gesnipperde lente-ui, croutons en koriander.

DINER

SALADE VAN GROENE GROENTEN MET ROODBAARS EN GRANAATAPPEL

BEREIDINGSTIJD: 35 MINUTEN
PER PERSOON
VOEDINGSWAARDE PER PORTIE (= 250 G FRUITYOGHURT MET 1 BANAAN EN 100 G GRANOLA):
610 KCAL
60 G KH
38 G E
26 G V

Ingrediënten:
100 g snijbonen
50 g suikererwten
50 g erwtjes
50 g sperzieboontjes
1/2 rode ui
1/2 granaatappel
enkele blaadjes dragon
peper en zout
frambozenazijn naar smaak
50 g feta
100 g roodbaars
2 tl olijfolie
2 sneetjes volkorenbrood
erwtenscheutjes voor de afwerking

Bereiding:
Snijd de snijbonen in fijne reepjes. Blancheer ze met de suikererwten, erwtjes en sperzieboontjes in lichtgezouten kokend water. Spoel onder koud stromend water en laat uitlekken.
Snijd de rode ui in ringen. Haal de pitten uit de granaatappel. Snipper de dragon.
Meng de groenten met de ui, de granaatappelpitten en de dragon en kruid met peper en zout. Druppel er frambozenazijn naar smaak bij en verkruimel er de feta over.
Kruid de vis met peper en zout en bak in de olijfolie.
Serveer met brood. Werk af met erwtenscheutjes.

BMC
BMC
BMC
BMC
impec

GREG VAN AVERMAET

wielrenner

'Duurtrainingen zijn erg belangrijk voor wielrenners. Ze vormen de basis voor het wedstrijdseizoen en we bouwen er onze conditie mee op. In de maanden december en januari staan de meeste duurtrainingen op mijn programma, meestal op trainingsstages in het buitenland. Daar is het in de winter aangenamer dan in de Belgische regen, de koude of zelfs sneeuw. Twee tot drie dagen voor een wedstrijd plan ik nog een duurtraining. Vaak gaat die door in de Ardennen.
Mijn langste duurtraining duurt 6 uur. Op die dag eet ik als ontbijt boterhammen met hesp, kaas en confituur; muesli met noten, fruit en melk; of havermoutpap met banaan. Tijdens de training neem ik een goede dorstlesser en energierepen mee. Het gebeurt ook wel dat ik onderweg een confituurtaartje bij een bakker koop. Ik heb ondervonden dat ik me leeg voel, kracht verlies en wazig zie wanneer ik onvoldoende eet en drink tijdens deze lange trainingen. Na zulke training eet ik pasta, rijst of wraps met kip. Ik voorzie altijd wat koolhydraten en eiwitten om goed te herstellen na de training. Mijn favoriete maaltijd na een lange duurtraining is pasta met pesto, zongedroogde tomaatjes, parmaham en buffelmozzarella. Dat combineer ik het liefst met zelfgemaakt olijfbrood met olijfolie en zeezout.

Ik train zelden nuchter. Het komt sporadisch voor op trainingsstage met een ploegmaat, maar thuis gebeurt het nooit.
Andere renners vertellen me dat ze meer dan 200 kilometer rijden en na afloop alleen een shake drinken. Daar zou ik me niet goed bij voelen. Ik volg andere richtlijnen.

Ik houd van duurtrainingen en vind ze ontspannend. Het liefst rijd ik in gezelschap van enkele collega-wielrenners omdat de tijd dan beduidend sneller gaat. Op een zonnige dag houd ik bovendien graag een koffiestop...'

Een intensieve trainingsdag

Een intensieve trainingsdag

HET IS HEEL MOEILIJK OM TE OMSCHRIJVEN WAT EEN INTENSIEVE TRAININGSDAG BETEKENT. MAAR MEESTAL VOEL JE DAT ZELF GOED AAN. HET GAAT OM TRAINEN AAN EEN HOGE HARTSLAG, INDIVIDUEEL OF IN GROEP, OF TWEE TRAININGEN COMBINEREN OP ÉÉN DAG, WAARDOOR DE DAG ALS INTENSIEF ERVAREN WORDT. OP ZULKE DAGEN KIES JE VOOR KOOLHYDRAATRIJKE VOEDING (6 TOT 10 G/KG LG) EN BESTEED JE VOLDOENDE AANDACHT AAN DE RECUPERATIE.

Op intensieve trainingsdagen moet je ook voldoende koolhydraten voorzien tijdens de inspanning. Daarvoor verwijzen we je naar het laatste hoofdstuk en de bijbehorende recepten. Het is geen probleem om zelf de juiste voeding klaar te maken en zelfs je eigen recuperatiedrank te bereiden.

De recepten van de rustige trainingsdag kun je ook gebruiken op voorwaarde dat je de portie koolhydraten verhoogt. Het verschil zit hem vooral in de voeding die je tijdens en na de inspanning eet. Het is bijvoorbeeld niet verstandig om je vol te proppen voor je intensief gaat trainen. Voorzie wel de juiste sportdrank en energierepen tijdens de inspanning. Na de training zorg je voor het herstel door middel van een (zelfgemaakte) recuperatiedrank. De hoeveelheid koolhydraten en eiwitten in de voeding dragen bij tot het eindtotaal, dat beduidend hoger zal liggen dan op een rustige trainingsdag.

Vul je energie zo veel mogelijk aan op de momenten dat je die het meeste nodig hebt – met name tijdens de inspanning. Vaak maken sporters de fout om een gigantisch ontbijt te eten en tijdens de trainingen niet meer te eten of te drinken. Houd het ontbijt liever iets beperkter en voorzie voldoende eten en drank tijdens de training.

Zo zal die veel vlotter verlopen. Je maag zal je trouwens ook dankbaar zijn.

Als je maag-darmklachten ondervindt door de hoge intensiteit van de training, beperk dan de hoeveelheid vezels op intensieve trainingsdagen.

Zorg voor koolhydraatrijke tussendoortjes. Ze zullen de verbruikte energie gemakkelijker aanvullen als je ze verspreidt over de dag. Geef de voorkeur aan meerdere kleine maaltijden die je verdeelt over de dag.

Neem 's avonds nog koolhydraten bij je maaltijd, ook al is het laat. Je koolhydraatvoorraad is leeg en moet worden aangevuld, zodat je de volgende dag opgeladen aan een nieuwe training kunt beginnen.

DE BELANGRIJKSTE KENMERKEN VAN EEN INTENSIEVE TRAININGSDAG

- Je traint aan een hoge hartslag, dus je verbruikt veel koolhydraten.
- Start met voldoende energie en zorg voor de juiste recuperatie.
- Eet vetarme en licht verteerbare voeding bij maag-darmproblemen.
- Voorzie voeding tijdens de inspanning.
- Drink eventueel zelfgemaakte recuperatiedrank.

ONTBIJT

ZELFGEMAAKTE GRANOLA

BEREIDINGSTIJD: 45 MINUTEN
VOOR 5 À 6 PORTIES
VOEDINGSWAARDE PER PORTIE (= 250 G FRUITYOGHURT MET 1 BANAAN EN 100 G GRANOLA):
625 KCAL
102 G KH
20 G E
17 G V

Ingrediënten:
140 g havervlokken
50 g spelt
30 g geschaafde amandelen
30 g walnoten
25 g macadamianoten
15 g geschaafde kokos
15 g pijnboompitten
30 g zonnebloempitten (gepeld)
1 tl speculaaskruiden
1 tl vijfkruidenpoeder
2 el honing of agavesiroop
60 g gedroogde cranberries
50 g rozijnen
120 g gedroogde vijgen
250 g magere fruityoghurt
1 banaan

Bereiding:
Verwarm de oven voor op 170 °C.
Meng de havervlokken met spelt, amandelen, walnoten, macadamianoten, kokos, pijnboompitten, zonnebloempitten, speculaaskruiden en vijfkruidenpoeder. Verdeel op een met bakpapier beklede bakplaat. Druppel er de honing en een paar eetlepels water over.
Rooster 15 minuten in de warme oven en schep regelmatig om tot de granola goudbruin is. Haal hem uit de oven.
Snijd de cranberries, rozijnen en vijgen in kleine stukjes en doe ze bij de granola. Bewaar maximaal 2 weken in een goed afgesloten pot.
Meng 100 g granola met 250 g magere fruityoghurt en een in stukjes gesneden banaan.

WIST JE DAT de granola die je koopt (en die je misschien kent als *crunchy muesli* of *cruesli*) vaak is gebakken in boter of olie? Dat maakt het erg vetrijk. Kijk maar eens naar de voedingswaarden op de verpakking.

ONTBIJT

ROGGETOAST MET GEITENKAAS

BEREIDINGSTIJD: 20 MINUTEN
PER PERSOON
VOEDINGSWAARDE PER PORTIE
720 KCAL
107 G KH
25 G E
23 G V

Ingrediënten:
4 sneetjes roggebrood
3 el havervlokken
2 el honing
15 g pistachenoten
50 g zachte geitenkaas
peper van de molen

Bereiding:
Rooster het brood. Rooster de havervlokken in een pan met anti-aanbaklaag met de honing. Hak de pistachenoten grof.
Besmeer de toast met geitenkaas. Strooi er de haver en de noten over. Werk af met versgemalen peper.

ONTBIJT

BANANENPANNENKOEKJES MET HAVERMOUT

BEREIDINGSTIJD: 30 MINUTEN
PER PERSOON
VOEDINGSWAARDE PER PORTIE
675 KCAL
113 G KH
17 G E
20 G V

Ingrediënten:
1 banaan
2 eieren
4 el havermout
2 el honing
1 tl plantaardige olie
2 el ahornsiroop

Bereiding:
Prak de banaan heel fijn met een vork. Klop de eieren los. Meng ze met de banaan, de havermout en de honing.
Verwarm de olie in een pan met antiaanbaklaag en bak kleine pannenkoeken met het beslag.
Serveer met ahornsiroop.

TUSSENDOOR

SMOOTHIE MET BANAAN EN HAZELNOTEN

BEREIDINGSTIJD: 10 MINUTEN
PER PERSOON
VOEDINGSWAARDE PER PORTIE
280 KCAL
40 G KH
9 G E
14 G V

Ingrediënten:
20 g hazelnoten
1 banaan
100 ml magere melk
3 tl cacaopoeder

Bereiding:
Hak de noten in de blender. Doe er de in stukjes gesneden banaan, de melk en het cacaopoeder bij. Mix tot een smoothie.

TUSSENDOOR

RIJSTPAP MET BRUINE RIJST EN KOKOS

BEREIDINGSTIJD: 1 UUR
VOOR 3 PERSONEN
VOEDINGSWAARDE PER PORTIE
245 KCAL
43 G KH
5 G E
6 G V

Ingrediënten:
150 g bruine rijst
een snufje zout
3 dl kokosmelk
1/2 vanillestokje
1 el agavesiroop
geschaafde kokos

Bereiding:
Kook de rijst voor drie vierde gaar in lichtgezouten water. Giet af en breng de rijst opnieuw aan de kook in de kokosmelk. Snijd het vanillestokje open, schraap er met een scherp mes het merg uit en doe merg en stokje bij de kokosmelk.
Voeg er aan het einde van de kooktijd de agavesiroop aan toe.
Haal het vanillestokje uit de rijstpap en werk af met geschaafde kokos.

LUNCH

VIETNAMESE RIJSTSOEP

BEREIDINGSTIJD: 30 MINUTEN
VOOR 3 PERSONEN
VOEDINGSWAARDE PER PORTIE
740 KCAL
123 G KH
31 G E
15 G V

Ingrediënten:
150 g rijst, ongekookt
1 sjalot
1 teentje knoflook
3 cm gember
1 tl sesamolie
75 g kipgehakt
3 dl kippenbouillon
1 steranijs
1 kaneelstokje
1 kruidnagel
een snufje kaneelpoeder
1 el hoisinsaus
1 tl vissaus
1 lente-uitje
enkele takjes koriander
peper van de molen en zout

Bereiding:
Kook de rijst gaar in lichtgezouten water. Giet af.
Pel de sjalot en de knoflook en snipper ze fijn. Schil de gember en snijd hem in kleine stukjes. Fruit de sjalot en de knoflook in de olie en doe er de gember bij.
Voeg er het gehakt aan toe en laat al roerend garen. Giet de bouillon bij het vlees en kruid met steranijs, kaneel, kruidnagel en kaneelpoeder. Dek af en laat 10 minuten sudderen.
Haal het kaneelstokje, de steranijs en de kruidnagel uit de pan. Doe er de hoisinsaus en de vissaus bij. Werk af met gesnipperde lente-ui, koriander en wat versgemalen peper.

LUNCH

PASTA MET TOMAAT EN KAPPERTJES

BEREIDINGSTIJD: 25 MINUTEN
PER PERSOON
VOEDINGSWAARDE PER PERSOON:
855 KCAL
129 G KH
37 G E
23 G V

Ingrediënten:
1/2 sjalot
1 teentje knoflook
2 tomaten
100 g kerstomaten
50 g zwarte olijven, ontpit
1 tl olijfolie
peper en zout
200 g verse pasta, ongekookt
2 el kappertjes
een handvol basilicum
30 g pecorino, geraspt

Bereiding:
Pel de sjalot en de knoflook en snipper ze fijn. Snijd de tomaten in stukjes en de olijven in dunne ringen.
Fruit de ui en de sjalot in de olijfolie. Doe er de tomaten en de olijven bij en laat meestoven. Kruid met peper en zout.
Kook de pasta beetgaar in lichtgezouten water. Giet af.
Serveer de pasta met de tomatensaus en werk af met kappertjes, basilicum en geraspte pecorino.

LUNCH

TAGLIATELLE MET WALNOTEN EN LIMOEN

BEREIDINGSTIJD: 25 MINUTEN
PER PERSOON
VOEDINGSWAARDE PER PORTIE:
920 KCAL
127 G KH
37 G E
29 G V

Ingrediënten:
20 g walnoten
enkele blaadjes salie
1 tl olijfolie
het sap van 1 limoen
2 el light sojaroom
peper en zout
225 g verse tagliatelle, ongekookt
de geraspte schil van 1 limoen
een handvol bladpeterselie
20 g parmezaan

Bereiding:
Verwarm de oven voor op 150 °C en rooster de noten 15 minuten. Hak ze grof.
Fruit de salie in de olijfolie. Doe er het limoensap en de room bij. Kruid met peper en zout.
Kook de pasta al dente in lichtgezouten water. Giet af maar doe een paar eetlepels van het kookwater bij de limoen-saliesaus.
Meng de pasta met de noten en de saus. Werk af met de geraspte limoenschil, gesnipperde bladpeterselie en parmezaan.

LUNCH

SOEP MET KOKOS EN RODE LINZEN

BEREIDINGSTIJD: 40 MINUTEN
VOOR 2 PERSONEN
VOEDINGSWAARDE PER PORTIE:
684 KCAL
120 G KH
39 G E
8 G V

Ingrediënten:
1 sjalot
2 stengels citroengras
2 cm gember
1 tl sesamolie
1 el rode currypasta
5 dl groentebouillon
200 g rode linzen
3 dl kokosmelk
1 el oestersaus
het sap van 1 limoen
een handvol korianderblaadjes
4 sneetjes volkorenbrood
1 teentje knoflook

Bereiding:
Pel en snipper de sjalot en het teentje knoflook. Verwijder de buitenste bladeren van het citroengras en snijd de boven- en onderkant weg. Snipper het zachte deel. Schil de gember en hak hem fijn. Fruit alles in de sesamolie. Doe er de rode currypasta bij en laat even bakken.
Giet er de bouillon bij. Voeg er dan de linzen aan toe, dek af en laat in 15 tot 20 minuten gaar worden.
Mix de soep in de blender of met de staafmixer. Breng op smaak met kokosmelk, oestersaus en limoensap.
Werk af met gesnipperde koriander en geef er volkorenbrood bij.

WIST JE DAT kokosmelk eigenlijk heel vetrijk is? Kijk op de verpakking en kies de melk met het laagste vetgehalte. Je vindt tegenwoordig ook soorten die slechts 1% vet bevatten.

DINER

KIPBURGER MET CHUTNEY VAN UI EN PASSIEVRUCHT

BEREIDINGSTIJD: 35 MINUTEN
PER PERSOON
VOEDINGSWAARDE PER PORTIE (= 2 BROODJES MET BURGERS):
765 KCAL
82 G KH
45 G E
28 G V

Ingrediënten:
Voor de chutney:
1/2 sjalot
1/2 teentje knoflook
1 tl arachideolie
200 g zoete ui, gesnipperd
2 passievruchten
2 el suiker
1 el azijn

Voor de burgers:
1/2 chilipeper
enkele blaadjes koriander
150 g kipgehakt
1 ei
1 tl maizena
peper en zout
1 tl olijfolie

Voor de afwerking:
2 broodjes
enkele blaadjes ijsbergsla
4 plakjes komkommer
2 plakjes tomaat

Bereiding:
Maak eerst de chutney. Snipper de sjalot en de knoflook, en fruit ze in de olie. Doe er de gesnipperde zoete ui en de passievrucht bij. Warm al roerend op tot het mengsel glazig wordt. Voeg er de suiker aan toe en laat een beetje karamelliseren. Voeg er ten slotte de azijn aan toe en laat sudderen tot de chutney dik en stroperig wordt.
Snipper voor de burgers de chilipeper heel fijn met de koriander. Meng met het gehakt, het ei en de maizena. Kruid met peper en zout. Vorm twee kleine burgers met je handen en bak ze in de olijfolie.
Beleg twee broodjes met ijsbergsla, komkommer en tomaat. Leg er de burgers en wat chutney op.

DINER

ZOETE AARDAPPEL MET VENKEL, KOFFIE EN KIP

BEREIDINGSTIJD: 45 MINUTEN
PER PERSOON
VOEDINGSWAARDE PER PORTIE:
555 KCAL
79 G KH
31 G E
14 G V

Ingrediënten:
300 g zoete aardappelen
1/2 venkelknol
een handvol citroentijmtakjes
1 el korianderzaadjes
peper en zout
1 tl olijfolie
150 g kipfilet
1 tl gemalen koffie
een handvol bladpeterselie
de geraspte schil van 1 sinaasappel

Bereiding:
Verwarm de oven voor op 200 °C.
Schil de zoete aardappelen en snijd ze in plakken. Maak de venkel schoon en snijd hem in grote stukken. Doe ze in een bakblik en rits er de tijmblaadjes over. Kruid met korianderzaadjes, peper en zout. Druppel er de olijfolie over.
Dek af met aluminiumfolie en rooster 20 minuten in de oven.
Snijd de kip in reepjes en kruid met koffie, peper en zout. Doe ze bij de aardappelen met venkel en laat nog 5 minuten bakken of tot de kip gaar is.
Werk af met gesnipperde bladpeterselie en geraspte sinaasappelschil.

DINER

MUNGBONEN MET GEROOSTERDE PAPRIKA EN FETA

BEREIDINGSTIJD: 35 MINUTEN
PER PERSOON
VOEDINGSWAARDE PER PORTIE:
560 KCAL
70 G KH
34 G E
17 G V

Ingrediënten:
1 rode paprika
100 g mungbonen
1/2 rode ui
1 el kappertjes, gespoeld
1 tl olijfolie
een handvol Thais basilicum
50 g feta
peper van de molen

Bereiding:
Verwarm de oven voor op 220 °C.
Snijd de paprika in tweeën en verwijder zaden en zaadlijsten. Leg de helften met het vel naar boven in een ovenschaal en rooster 15 minuten in het midden van de oven. Haal uit de oven, dek af en laat afkoelen. Verwijder het vel en snijd in reepjes. (Dit kun je gemakkelijk vooraf doen.)
Kook de mungbonen in 20 minuten gaar in lichtgezouten water. Giet af en laat afkoelen.
Snijd de rode ui in fijne reepjes en meng met de paprika, mungbonen, kappertjes en olijfolie. Werk af met gesnipperd basilicum, kruimel er de feta over en kruid met versgemalen peper.

DINER

PIZZA MET KIP EN PARMEZAAN

BEREIDINGSTIJD: 3 UUR
VOOR 2 KLEINE PIZZA'S
VOEDINGSWAARDE PER PORTIE (= 1/2 RECEPT):
515 KCAL
65 G KH
35 G E
14 G V

Ingrediënten:
Voor het deeg:
20 g verse gist
100 g water
100 g bloem, type 00
50 g volkorenbloem
een snuifje zout
een snuifje suiker
2 tl olijfolie

Voor de topping:
120 g kipfilet
100 g kerstomaatjes
1/2 teentje knoflook
1/4 zoete ui
1 dl soffritto (of mirepoix, een mengeling van gesnipperde ui, wortelen en selderij, gestoofd in een klein beetje olie)
150 g verse jonge spinazie
4 ansjovisfilets
30 g geschaafde parmezaan

Bereiding:
Los voor het deeg de gist op in een beetje lauw water. Doe de bloem en de volkorenbloem in een kom (eventueel van de keukenmachine) en meng met het zout, de suiker en de olijfolie.
Doe er de opgeloste gist bij en meng. Voeg lauw water toe en meng met de hand of met de kneedhaken van de keukenmachine tot een glad, elastisch deeg. Werk van binnen naar buiten.
Vorm een bol van het deeg en laat een uur rijzen onder een schone keukendoek op kamertemperatuur.
Verdeel het deeg in twee porties en rol uit tot een dikte van 3 mm op een met bloem bestoven werkblad.
Verwarm de oven voor op 200 °C.
Bak de kipfilets half gaar in een pan met antiaanbaklaag en snijd ze in dunne plakken. Snijd de kerstomaten in kwartjes.
Snipper de knoflook en snijd de ui in dunne ringen.
Verdeel de soffritto over de pizzabodem. Verwijder de harde nerven van de spinazie en leg hem op de soffritto. Ga verder met kip en kerstomaatjes. Snijd de ansjovisfilets in kleine stukjes en strooi ze over de pizza met de knoflook en de uiringen.
Werk af met parmezaan.
Bak de pizza's ongeveer 10 minuten in het midden van de oven.

DINER

SALADE VAN AARDAPPEL, GEGRILDE INKTVIS EN PARMAHAM

BEREIDINGSTIJD: 20 MINUTEN
PER PERSOON
VOEDINGSWAARDE PER PORTIE:
635 KCAL
65 G KH
40 G E
25 G V

Ingrediënten:
200 g vastkokende aardappelen
100 g pijlinktvisjes
2 tl olijfolie
het sap van 1 limoen
peper en zout
150 g sperzieboontjes
1 sneetje brood
1 teentje knoflook
1/2 rode ui
2 lente-uitjes
1/2 chilipeper
50 g parmaham

Bereiding:
Schil de aardappelen en snijd ze in blokjes. Kook of stoom ze beetgaar.
Maak de inktvisjes schoon en snijd ze overlangs in tweeën. Snijd ze aan de binnenkant om de 4 mm kruiselings in met een scherp mesje.
Meng 1 koffielepel olijfolie met het limoensap en kruid met peper en zout. Giet de marinade over de inktvisjes.
Gril de inktvisjes op een hoog vuur.
Maak de sperzieboontjes schoon en blancheer ze kort in lichtgezouten water. Spoel ze meteen onder koud stromend water.
Snijd het brood in dobbelsteentjes en bak ze krokant in olijfolie. Doe er de gesnipperde knoflook bij. Laat uitlekken op keukenpapier.
Snijd de rode ui in stukjes en snipper de lente-ui en de chilipeper.
Serveer de inktvisjes met parmaham, de sperzieboontjes en de croutons en werk af met ui, lente-ui en chilipeper.

zeus
ethias
10

LISE VAN HECKE

volleybalspeelster

'Omdat bij volleybal vaak meerdere trainingen gecombineerd worden, ervaren we dat meestal als intensief. In België begint een training meestal rond 15 uur met een uur krachttraining, waarbij iedereen een individueel schema volgt. Dan is er een baltraining die drie uur duurt. Op stages wordt bovendien een korte bal- en powertraining voorzien in de voormiddag en hebben we 's namiddags twee en een half uur baltraining. Zoals je ziet zijn we vaak hele dagen aan het trainen.

Op stage eten we altijd in groep. Er is een buffet waaruit je kunt kiezen en je eigen portie bepalen. Als we in België zijn, lunch ik thuis. Wie wil krijgt na de training soep met broodjes. Ik zorg dat er ongeveer drie uur tussen de lunch en het begin van de training ligt, zodat mijn maaltijd de tijd krijgt om te verteren. Omdat ik af en toe toch met een opgeblazen gevoel op de training kwam, weet ik dat ik bepaalde voedingsmiddelen beter mijd. Ik eet 's middags bijvoorbeeld geen paprika's, want die blijven op mijn maag liggen.

Tijdens de training drinken we sportdrank, meestal hypertone energiedrank. Onze vaste voeding brengen we zelf mee. Ik verkies noten of rozijnen, maar eet ze alleen als ik me zwak voel of als ik honger krijg. Eigenlijk bevatten noten te veel vet en kan je lichaam ze door hun trage vertering niet echt gebruiken tijdens de training. Daarom kies ik eerder voor rozijnen of ander gedroogd fruit. Gelukkig heb ik zogoed als nooit last van spierkrampen. Op wedstrijden worden ook isotone dorstlessers en energierepen voorzien.

Na de trainingen eet ik thuis een avondmaaltijd. Wanneer we op toernooien dagelijks wedstrijden moeten spelen, krijgen we een recuperatiedrank. Dat is een soort chocoladepoeder dat gemengd wordt met melk en dat ons lichaam sneller laat herstellen. Over het algemeen recupereer ik vrij snel na een training. Wanneer ik me toch vermoeid voel, eet ik meer koolhydraten en gaat het snel weer beter.'

Een dag met krachttraining

Een dag met krachttraining

ER BESTAAN HEEL WAT MISVERSTANDEN ROND VOEDING BIJ KRACHTTRAINING. VAAK WORDT GEKOZEN VOOR EEN KOOLHYDRAATARM MAAR BIJZONDER EIWITRIJK DIEET. JE LICHAAM HEEFT ECHTER KOOLHYDRATEN NODIG (6 TOT 8 G/KG) OM EEN KRACHTTRAINING TOT EEN GOED EINDE TE BRENGEN. ANDERS ZAL HET DE EIWITTEN DIE JE EET, GEBRUIKEN ALS BRANDSTOF EN DAT IS NIET GEZOND. BOVENDIEN IS HET ZINLOOS ALS JE HET DOEL BEKIJKT DAT JE VOOR OGEN HEBT (SPIEROPBOUW).

Je hebt op deze dagen natuurlijk meer eiwitten nodig dan op een dag zonder krachttraining. Vooral de verdeling over de dag is belangrijk. Elke maaltijd zou ongeveer 20 tot 25 gram eiwitten moeten bevatten, bij voorkeur dierlijke. Meer dan deze hoeveelheid eten, bijvoorbeeld 40 tot 50 gram, zal de spieropbouw niet bevorderen. Het lijkt erop dat je lichaam maar een beperkte hoeveelheid eiwitten kan gebruiken per maaltijdmoment en het heeft dus geen zin om er meer te eten. Aan het einde van de dag moet je ook niet meer gegeten hebben dan 2 gram eiwit per kilogram, dus vier tot vijf eiwitrijke maaltijden volstaan. Deze hoeveelheid eiwitten kun je perfect halen met gezonde voeding, dus zonder naar eiwitpoeders te grijpen.

De tussendoortjes op andere trainingsdagen bevatten vooral koolhydraten. Maar je moet ook het eiwitgehalte in het oog houden. Je streeft naar 20 tot 25 gram eiwitten per maaltijdmoment en dat geldt ook voor de tussendoortjes.

Dierlijke eiwitten genieten de voorkeur omdat ze een betere aminozuursamenstelling hebben dan plantaardige eiwitten. Een hersteldrank op basis van koemelk is beter voor het spierherstel dan bijvoorbeeld sojamelk. Soja is weliswaar lichter verteerbaar, maar bevat minder leucine (het belangrijkste aminozuur als het om spierherstel gaat) dan wei-eiwit en caseïne.
Wei is een eiwit dat je in koemelk aantreft. Onge-

veer 20% van de eiwitten in melk zijn wei-eiwitten. Caseïne is een ander eiwit uit koemelk en maakt ongeveer 80% van de melkeiwitten uit. Het is moeilijker verteerbaar dan wei-eiwit en zal daarom minder snel aminozuren vrijlaten in het bloed, maar wel over een langere periode. Daarom is caseïne de ideale manier om spieren 's nachts te laten herstellen.

Op dagen met krachttrainingen geef je dus de voorkeur aan dierlijk eiwit, en niet aan soja en helemaal niet aan granendrankjes zoals hazelnoot-, amandel-, spelt-, haver-, kokos- of rijstmelk. Het zijn zogezegd plantaardige alternatieven voor koemelk, maar dat klopt niet helemaal, want ze zijn afgeleid van koolhydraatrijke voedingsmiddelen en bevatten geen eiwitten. Kijk op de verpakking en je zult begrijpen waarom deze dranken niet in aanmerking komen als ingrediënt van een hersteldrank.

Wil je aankomen door spiermassa op te bouwen zoals bij bodybuilding? Zorg er dan voor dat je aan het einde van de dag ongeveer 500 tot 1000 kcal meer hebt ingenomen dan je verbruikt. Er zijn ook atleten die aan krachttraining doen om functioneel sterker te worden, maar niet om zwaarder te worden. Zij moeten niet meer energie eten dan ze nodig hebben en kunnen zich focussen op de juiste eiwitverdeling over de dag.

Als je net voor de krachttraining een snack eet die bestaat uit een combinatie van eiwitten en koolhydraten, zal je training optimaal verlopen. De koolhydraten zorgen ervoor dat je genoeg energie hebt om alle oefeningen tot een goed einde te brengen. De eiwitten dienen als bouwstof om je spiermassa te versterken en op te bouwen.

Drink tijdens de training gerust een isotone sportdrank om het verloren vocht en de suikers aan te vullen. Na de krachttraining kun je een hersteldrank of -maaltijd nemen. Hoe sneller je dat doet, hoe beter. Kun je pas enkele uren later eten? Zorg dan voor een (zelfgemaakte) recuperatieshake die je binnen het halfuur na de training drinkt. Meteen na de training aan tafel gaan, is uiteraard ook prima.

Doe een krachttraining nooit nuchter! Je lichaam heeft koolhydraten nodig en zal de vetreserves niet aanspreken als brandstof tijdens dit type training. Het alternatief is dat het je eiwitreserves gebruikt, maar dan breek je meer af dan je opbouwt...

DE BELANGRIJKSTE KENMERKEN VAN EEN DAG MET KRACHTTRAINING

- Eet eiwitrijk voedsel zoals yoghurt, melk, eieren, vlees, vis en kaas: 20 tot 25 g bij elke maaltijd.
- Dierlijke eiwitten werken het beste (geen soja vandaag).
- Voorzie voldoende koolhydraten: 6 tot 8 g/kg.

ONTBIJT

OMELET MET FETAKAAS

BEREIDINGSTIJD: 20 MINUTEN
VOOR 1 PERSOON
VOEDINGSWAARDE PER PORTIE:
500 KCAL
52 G KH
26 G E
21 G V

Ingrediënten:
1 ei
2 eiwitten
25 g zwarte olijven
een handvol salie
1 tl gedroogde oregano
peper
zout
1 tl olijfolie
25 g feta
4 sneetjes volkorenbrood

Bereiding:
Klop het ei los met de eiwitten. Snijd de olijven in kleine stukjes en doe ze met de gesnipperde salie en de oregano bij de eieren. Kruid met peper en zout.
Verwarm een pan met antiaanbaklaag. Bak de omelet in de olijfolie. Zet het vuur lager en verkruimel er de kaas over. Serveer met volkorenbrood.

WIST JE DAT je op dagen met krachttraining in elke maaltijd voldoende eiwitten moet voorzien? Dat geldt al vanaf het ontbijt.

ONTBIJT

YOGHURT MET SPELT-VLOKKEN, APPEL EN PEER

BEREIDINGSTIJD: 10 MINUTEN
VOOR 1 PERSOON
VOEDINGSWAARDE PER PORTIE:
325 KCAL
60 G KH
20 G E
1 G V

Ingrediënten:
1/2 appel
1/2 peer
20 g gedroogde abrikozen
25 g speltvlokken
200 g magere yoghurt
een handvol verse munt

Bereiding:
Verwijder het klokhuis van de appel en de peer en snijd ze in blokjes. Snijd de abrikozen in kleine stukjes. Meng het fruit met de speltvlokken en voeg er de yoghurt aan toe. Werk af met gesnipperde munt.

ONTBIJT

EIERMUFFINS

BEREIDINGSTIJD: 30 MINUTEN
VOOR 1 PERSOON
VOEDINGSWAARDE PER PORTIE:
455 KCAL
52 G KH
32 G E
13 G V

Ingrediënten:
1 ei
1 eiwit
peper
zout
1/2 sjalot
een handvol tuinkruiden
25 g mager spek
25 light kaas, geraspt
2 sneetjes bruinbrood

Bereiding:
Verwarm de oven voor op 170 °C.
Klop het ei los met het eiwit. Kruid met peper en zout.
Pel de sjalot en snipper ze fijn met de tuinkruiden. Snijd het spek in blokjes. Roer de sjalot, de kruiden, het spek en de kaas door de eieren.
Vul vier muffinvormpjes met het mengsel en bak 20 minuten in de oven.
Rooster het brood en serveer het met de muffins.

TUSSENDOOR

KAASTAARTJE MET PISTACHENOTEN

BEREIDINGSTIJD: 3 UUR
VOOR 1 PERSOON
VOEDINGSWAARDE PER PORTIE:
440 KCAL
50 G KH
23 G E
17 G V

Ingrediënten:
25 g pistachenoten
4 lange vingers
15 g margarine
2 blaadjes gelatine
het sap van 1 limoen
200 g kwark (mager)

Bereiding:
Maal de noten met de lange vingers fijn. Smelt de margarine en meng ze met het notenmengsel. Schep het mengsel in een potje en druk goed aan. Laat rusten in de koelkast.
Week de gelatine in water.
Verwarm het limoensap met 2 eetlepels water. Knijp de gelatine goed uit en los hem op in de vloeistof. Doe bij de kwark en roer goed om.
Schep het mengsel op de notenbodem en laat enkele uren opstijven in de koelkast.

TUSSENDOOR

EIWITREPEN

BEREIDINGSTIJD: 3.5 UUR
VOOR 5 REPEN
VOEDINGSWAARDE PER PORTIE (= 1 REEP):
350 KCAL
38 G KH
25 G E
13 G V

Ingrediënten:
50 g ongezouten cashewnoten
30 g fondant pure chocolade
100 g eiwitpoeder (wei-eiwitpoeder)
200 g havermout
1 banaan
100 ml amandelmelk
1 el chiazaad
1 el sesamzaad

Bereiding:
Maal de noten fijn met de chocolade. Doe er het eiwitpoeder en de havermout bij.
Plet de banaan en doe ze met de amandelmelk bij het mengsel.
Voeg er het chiazaad en het sesamzaad aan toe en roer goed om.
Bekleed een bakvorm met plasticfolie en schep er het mengsel in.
Laat 3 uur opstijven in de koelkast. Snijd in repen en bewaar koel.

LUNCH

SALADE MET GEROOKTE KIP EN VIJGEN

BEREIDINGSTIJD: 20 MINUTEN
VOOR 1 PERSOON
VOEDINGSWAARDE PER PORTIE:
605 KCAL
77 G KH
30 G E
21 G V

Ingrediënten:
3 vijgen
1/2 rode ui
1/2 radicchio
150 g gerookt kippenwit
2 sneden volkorenbrood
2 tl olijfolie
2 el balsamicoazijn
peper
zout
1 el gedroogde veenbessen
een handvol vers basilicum

Bereiding:
Verwarm de oven voor op 180 °C.
Snijd de vijgen in vieren. Pel de ui en snijd hem in dunne ringen. Maak de radicchio schoon en scheur hem in stukken. Snijd de kip in plakken.
Snijd het brood in blokjes en rooster in de oven.
Meng de kip met de vijgen, de ui en de radicchio. Schep er de olijfolie en de balsamico door. Kruid met peper en zout. Strooi er de veenbessen, de broodcroutons en het basilicum over.

LUNCH

QUICHE MET BROCCOLI EN KIPFILET

BEREIDINGSTIJD: 45 MINUTEN - VOOR 3 PERSONEN
VOEDINGSWAARDE PER PORTIE (= 1/3 QUICHE):
530 KCAL
72 G KH
37 G E
10 G V

Ingrediënten:
Voor het deeg:
150 g speltmeel
75 g bloem
150 g kwark (mager)
zout
1 tl bakpoeder

Voor de vulling:
1 ui
1/2 stengel prei
1/2 broccoli
1 ei
6 eiwitten
peper
zout
2 tl Provençaalse kruiden
100 g kipfilet
50 g parmezaan, geraspt
2 el paneermeel

Bereiding:
Verwarm de oven voor op 170 °C.
Meng voor het deeg het speltmeel met de gewone bloem, de kwark, een snufje zout en het bakpoeder. Laat rusten in de koelkast.
Pel de ui en snipper hem samen met het wit van de prei fijn. Verdeel de broccoli in kleine roosjes.
Klop het ei met de eiwitten los en kruid met peper, zout en Provençaalse kruiden. Snijd de kipfilet in blokjes. Meng de eieren met de groenten, de kip en de parmezaan.
Bekleed een taartvorm met bakpapier. Bestuif het werkblad met bloem, rol het deeg uit en leg in de taartvorm. Snijd de randen weg die over de vorm hangen. Strooi het paneermeel over de bodem en doe er de vulling in. Bak 35 minuten in de oven.

WIST JE DAT spelt iets meer eiwit bevat dan tarwe? Verder verschillen ze weinig in koolhydraten-, vet- of caloriegehalte. Het zijn vooral gluten die deel uitmaken van het hoge eiwitgehalte, dus vergis je niet: spelt is niet glutenvrij. De structuur van de gluten in spelt verschilt van die van tarwe, waardoor soms beweerd wordt dat het lichter verteerbaar is, maar het verschil is klein. Het gehalte aan mineralen en de opname ervan is wel hoger bij spelt. Het blijft dus noodzakelijk om te variëren.

LUNCH

SANDWICH MET GEGRILDE KALKOEN EN TZATZIKI

BEREIDINGSTIJD: 1 UUR
VOOR 1 PERSOON
VOEDINGSWAARDE PER PORTIE:
425 KCAL
60G KH
36G E
7G V

Ingrediënten:
1 komkommer
100 g kalkoenfilet
peper
zout
een handvol verse dille
1 teentje knoflook
4 el magere Griekse yoghurt
sap van 1 limoen
4 sneetjes bruinbrood
een handvol jonge sla

Bereiding:
Schil de komkommer en snijd hem in dunne slierten of rasp hem met de groenterasp of de mandoline. Bestrooi licht met zout en laat even staan.
Snijd intussen de kalkoenfilet in plakken, kruid met peper en zout en gril.
Snipper de dille met de knoflook fijn.
Knijp met de handen het vocht uit de komkommer en meng met de yoghurt, knoflook en dille. Breng op smaak met peper en limoensap.
Rooster het brood. Maak een sandwich met sla, kip en tzatziki.

LUNCH

KABELJAUWSALADE MET AUGURK EN KAPPERTJES

BEREIDINGSTIJD: 40 MINUTEN
VOOR 1 PERSOON
VOEDINGSWAARDE PER PORTIE:
490 KCAL
58 G KH
36 G E
13 G V

Ingrediënten:
300 g aardappelen
150 g kabeljauwfilet
1 ei
1 augurk
1 sjalot
een handvol bladpeterselie
1 el kappertjes
het sap van 1 citroen
1 tl notenolie
peper
zout

Bereiding:
Was de aardappelen en snijd ze in kleine blokjes. Stoom ze samen met de kabeljauw beetgaar. Laat afkoelen.
Kook het ei op 8 minuten hard in gezouten water. Pel en prak met een vork.
Snijd de augurk in blokjes en snipper de sjalot en de peterselie fijn.
Verdeel de vis in stukken en meng met de aardappelen, het ei, de augurk, de sjalot, de peterselie en de kappertjes. Schep er voorzichtig het citroensap en de notenolie door en breng op smaak met peper en zout.

DINER

TAGLIATA VAN RUND MET GEROOSTERDE AARDAPPELEN

BEREIDINGSTIJD: 40 MINUTEN
VOOR 1 PERSOON
VOEDINGSWAARDE PER PORTIE:
565 KCAL
55 G KH
39 G E
21 G V

Ingrediënten:
200 g aardappelen
1 takje rozemarijn
1 teentje knoflook
1 rode paprika
peper
zout
een handvol rucola
1/2 rode ui
100 g magere biefstuk
2 tl olijfolie
150 g sperzieboontjes
1 el balsamicoazijn

Bereiding:
Verwarm de oven voor op 200 °C.
Was de aardappelen en snijd ze in grote stukken. Doe ze in een ovenschaal. Rits de blaadjes van de rozemarijn en strooi ze over de aardappelen. Leg er de gekneusde knoflook bij.
Verwijder zaden en zaadlijsten van de paprika en snijd hem in stukjes. Doe ze bij de aardappelen. Rooster 20 minuten in de oven en kruid met peper en zout.
Maak de rucola schoon. Pel de ui en snijd hem in dunne ringen.
Gril de biefstuk in 1 theelepel olijfolie en kruid met peper en zout.
Kook de boontjes gaar in lichtgezouten water.
Snijd het vlees in dunne plakken en serveer met de aardappelen en boontjes. Werk af met ui, rucola, de resterende olijfolie en de balsamico.

DINER

PASTA MET PIJLINKTVIS EN LAMSOOR

BEREIDINGSTIJD: 30 MINUTEN - VOOR 1 PERSOON

VOEDINGSWAARDE PER PORTIE:
590 KCAL
67 G KH
38 G E
18 G V

Ingrediënten:
100 g tagliatelle
1/2 chilipeper
1 teentje knoflook
1/2 courgette
100 g lamsoor
1 el olijfolie
150 g pijlinktvis, schoongemaakt
peper
zout
100 g kerstomaten

Bereiding:
Kook de pasta beetgaar in lichtgezouten water. Giet af.
Snipper het pepertje en de knoflook fijn. Snijd de courgette in blokjes en spoel de lamsoor.
Fruit de knoflook en de chilipeper in olijfolie. Doe er de courgette en de lamsoor bij en stoof gaar. Doe er ten slotte de inktvis bij.
Doe de pasta bij de groenten en kruid met peper en zout.
Halveer de kerstomaatjes en doe ze bij de pasta. Serveer meteen.

DINER

PALING MET SAKE EN SOJA

BEREIDINGSTIJD: 35 MINUTEN
VOOR 1 PERSOON
VOEDINGSWAARDE PER PORTIE:
660 KCAL
68 G KH
33 G E
29 G V

Ingrediënten:
200 g nicola-aardappelen
een handvol steranijs
5 g suiker
1 el zout
1 bosje lente-uien
1/2 venkel
100 g rivierpaling, schoongemaakt en zonder vel
peper
zout
1 el sesamolie
1 el bruine suiker
1 dl sake
1/2 dl zachte sojasaus

Bereiding:
Schil de aardappelen en zorg dat ze ongeveer allemaal dezelfde grootte hebben.
Breng 1 l water aan de kook en laat er de steranijs 20 minuten in trekken. Doe er de suiker en een eetlepel zout bij. Gaar de aardappelen in het gekruide water en giet af. Verwijder de steranijs.
Maak de lente-ui schoon en snijd in stukken van 4 cm. Maak de venkel schoon en snijd in flinterdunne plakken met een mandoline. Leg in ijskoud water.
Spoel de paling onder stromend water en dep goed droog. Kruid met peper en zout. Bak de paling in de sesamolie krokant. Strooi er de bruine suiker over en roer om. Blus met sake en sojasaus. Laat even doorkoken.
Doe er de lente-ui bij en breng op smaak met peper en zout.
Serveer met de aardappelen en de venkel.

DINER

VISSTOVERIJ

BEREIDINGSTIJD: 30 MINUTEN
VOOR 4 PERSONEN
VOEDINGSWAARDE PER PORTIE (= 1/4 VAN DE STOVERIJ EN 4 SNEETJES BROOD):
515 KCAL
61 G KH
32 G E
16 G V

Ingrediënten:
1/2 ui
1 zachte chilipeper
1 teentje knoflook
1 tl olijfolie
100 g pijlinktvis
1 tl tomatenpuree
2 dl visbouillon
50 g zeebaars
400 g mosselen (met de schelp)
4 scampi's
2 tomaten
100 g sluimererwten
enkele takjes salie
enkele takjes rozemarijn
peper
zout
een handvol bladpeterselie
4 sneetjes volkorenbrood

Bereiding:
Snipper de ui, het pepertje en de knoflook fijn. Fruit ze in olijfolie en doe er de in stukken gesneden inktvis bij. Voeg er de tomatenpuree aan toe en laat even bakken.
Blus met de visbouillon en laat opkoken. Doe er de vis, mosselen en scampi's bij.
Snijd de tomaten in blokjes en doe ze met de sluimererwten, gesnipperde salie en rozemarijn bij het stoofpotje. Laat garen en breng op smaak met peper en zout.
Werk af met gesnipperde peterselie en serveer met brood.

DINER

PARELHOEN MET LIMOEN

BEREIDINGSTIJD: 45 MINUTEN
VOOR 4 PERSONEN
VOEDINGSWAARDE PER PORTIE:
620 KCAL
88 G KH
35 G E
14 G V

Ingrediënten:
2 wortelen
1/2 zoete witte ui
1/2 teentje knoflook
1/2 aubergine
1 parelhoenbout
peper
zout
1 tl olijfolie
1 el griessuiker
5 dl gevogeltefond
1 limoen, onbehandeld
60 g bruine rijst, ongekookt

Bereiding:
Schil de wortelen en snijd ze in stukken. Pel de ui en de knoflook en snipper ze fijn. Snijd de aubergine in stukken.
Kruid de parelhoen met peper en zout en kleur hem aan alle kanten in de olijfolie. Doe er de ui bij en laat glazig worden. Voeg er dan de wortelen, aubergine en knoflook aan toe en bestrooi met de suiker.
Giet er de gevogeltefond bij en kruid met peper en zout. Voeg de in vieren gesneden limoen toe en dek de pan af. Laat garen op een middelhoog vuur.
Kook of stoom de rijst gaar.
Schep de bout en de groenten uit de kom en laat het kookvocht inkoken tot sausdikte. Serveer de parelhoen met de groenten, de saus en de rijst.

TOM DE SUTTER

voetballer

'Voetbal is een contactsport. Hoe steviger je op je benen staat, hoe gemakkelijker het is om duels te winnen. Daarom is krachttraining erg belangrijk. Bovendien geeft dit type training je een streepje voor op het vlak van blessurepreventie. Ik voer één tot twee keer per week een krachttraining uit.

De krachttrainingen worden meestal net voor de groepstrainingen gepland. Op die manier kunnen we de kracht (vooral benen) meteen omzetten in functionele voetbalbewegingen en sprints. In het voetbal is het immers belangrijk om zo specifiek mogelijk te trainen. Het heeft geen zin om met veel gewicht op je schouders te kunnen squatten als je die kracht niet kunt omzetten in snelheid of in bewegingen op het veld. Natuurlijk heb je meer dan één krachttraining nodig vooraleer je het gevoel krijgt dat je sterker geworden bent. Je voelt wel dat je spieren 'opgepompt' zijn, maar het duurt een paar sessies voor je je op het veld ook sterker voelt.

Op een dag met krachttraining eet ik ongeveer hetzelfde als op een dag zonder dit type training. Ik begin de dag met havermoutpap en vers fruit. Dat geeft me de hele dag energie, veel meer dan als ik enkel wat boterhammen eet. Op een dag met krachttraining voorzie ik bovendien extra eiwit, zoals een omelet, een pannenkoek of een mager melkproduct.

Na de training drink ik een recuperatiedrank en veel water om goed te herstellen. Ik voorzie ook meer koolhydraten in de maaltijd na een krachttraining en ik merk dat ik op dergelijke dagen meer honger heb dan wanneer er geen krachttraining op het programma staat.

Gelukkig heb ik geen last van spierkrampen of maag-darmproblemen. Ik let op wat ik eet en zorg ervoor dat ik voldoende drink. Overdag is dat water en tijdens de training een dorstlesser. Dat alles draagt bij tot de opbouw van spiermassa. Het gaat niet alleen om wat je eet en drinkt voor een training. Je algemene voedingspatroon bepaalt op welk niveau je kunt trainen en hoe snel je herstelt.'

Een wedstrijddag

Een wedstrijddag

DIT IS JE GROTE DAG. HIERVOOR HEB JE AL DIE TIJD GETRAIND EN NU WIL JE OP JE BESTE NIVEAU PRESTEREN. EEN GOED GEVOEL, FYSIEK EN MENTAAL, IS VAN GROOT BELANG. VOEDING SPEELT EEN BELANGRIJKE ROL, WANT WAT IS ER VERVELENDER DAN MEERDERE BEZOEKJES AAN HET TOILET VOOR OF ZELFS TIJDENS DE WEDSTRIJD? OF EEN ONCOMFORTABEL GEVOEL IN JE MAAG, SPIERKRAMPEN OF ZELFS EEN HONGERKLOP? BEGIN NU NIET MEER TE EXPERIMENTEREN, MAAR VERTROUW OP DE VOEDING DIE JE TIJDENS DE TRAININGSDAGEN HEBT UITGETEST. PLAN TIJDENS JE TRAININGSDAGEN AL EENS EEN 'GENERALE REPETITIE' VAN JE VOEDING OP DE WEDSTRIJDDAG.

Vind je wedstrijd plaats in het buitenland? Neem dan vooraf contact op met het hotel of neem je eigen voeding mee. Je weet nooit wat ze je ter plaatse voorschotelen...

Het is niet raar dat je zenuwachtig bent. Voorzie voldoende tijd tussen de maaltijden en de wedstrijd, want je vertering werkt automatisch wat trager nu. Verkies eventueel vloeibare voeding en voeding die gemakkelijk kauwt. Vervang brood bijvoorbeeld door ontbijtgranen en pasta of rijst door sandwiches.

Op een wedstrijddag zijn er een aantal aandachtspunten die je voor ogen moet houden. Zorg ervoor dat je wedstrijdvoeding licht verteerbaar is. Dat betekent arm aan eiwitten, vet en vezels, geen te grote porties en vooral voeding waarmee je vertrouwd bent. Eiwitten zijn nodig voor het herstel na de inspanning, maar zullen langer in je maag blijven en op die manier de vertering vertragen. Eet ze pas na de wedstrijd. Vet vertraagt de vertering ook en kan voor maag-darmproblemen zorgen, bijvoorbeeld diarree. Je kunt ze dus beter vermijden. Voedingsvezels die je onder andere vindt in volkorenbrood en -pasta, havermout, bruine rijst en fruit, zullen de maag- en darmlediging ook afremmen. Ze zijn een gezonde keuze en vormen op eender welke andere dag de voorkeursvoeding, maar

niet op een wedstrijddag. Je wilt met een licht gevoel aan de wedstrijd beginnen.
Tijdens de inspanning werkt je vertering op een lager pitje omdat je bloed vooral naar je spieren gaat. Het is geen goed idee om dan met volle maag en darmen te zitten. Sportdrank of sportvoeding zullen in dat geval voor hinder zorgen en je de bosjes insturen. Dat is allesbehalve een prettig vooruitzicht!

Kies voor een koolhydraatrijke wedstrijdmaaltijd die arm is aan vezels, eiwitten en vetten. Een paar goede voorbeelden zijn witbrood met jam of honing, sandwiches met banaan, pannenkoeken met bruine suiker, cornflakes met magere melk, witte pasta met tomatensaus en witte rijst met zoetzure saus. Probeer een paar recepten uit op een trainingsdag om te kijken waar je je het best bij voelt.

Zorg dat er ongeveer drie tot vier uur ligt tussen je laatste hoofdmaaltijd en de wedstrijd. Je lichaam krijgt op die manier de kans om de voeding te verteren en om te zetten in energie. Wat nog in je maag zit, is zeker niet beschikbaar als energie tijdens de wedstrijd. Ongeveer anderhalf5 uur voor het begin van de wedstrijd kun je een kleine snack voorzien, zoals een banaan, een pakje peperkoek, een energiereep of een zelfgemaakte snack.

Er is natuurlijk een verschil tussen een voetballer die vanaf de eerste minuut intensief moet presteren en een wielrenner die de eerste uren van de koers nog in een relatief rustig tempo in het peloton kan rijden. De wielrenner kan als ontbijt wel wat voedingsvezels en eiwit verdragen omdat zijn verteringssysteem het nog kan verwerken. Een kracht- of teamsporter kiest beter voor heel licht verteerbare wedstrijdvoeding omdat de inspanning van bij het begin heel intensief zal zijn.

Als een wedstrijd meer dan anderhalf of twee uur duurt, is een koolhydraatstapeling een goed idee. Hierover lees je meer in de vorige hoofdstukken. Je start met een overvolle tank en je zult dankzij je voeding je energie gedurende de hele wedstrijddag kunnen aanvullen. Dat is niet nodig bij korte inspanningen en is mogelijk zelfs nadelig omdat het voor gewichtstoename kan zorgen. Je dagelijkse portie koolhydraatrijke voeding is in dat geval voldoende.

Als je meerdere races, manches of nummers op een dag moet uitvoeren, is je voeding tussen de verschillende sessies ook belangrijk. Vaak heb je niet veel tijd, maar moet je wel de verbrande energie weer aanvullen om je op te laden voor het volgende wedstrijdonderdeel. De voorgestelde tussendoortjes voor op de wedstrijddagen en als voeding tijdens inspanningen, kunnen in dit geval interessant zijn. Ze zijn rijk aan koolhydraten en licht verteerbaar en zullen dus snel energie leveren zodat je met een comfortabel en opgeladen gevoel kunt presteren.

Onthoud dat je vandaag ook moet (blijven) drinken!
Start al van bij het ontbijt. Zorg voor water, koffie of thee en blijf daarna de hele dag door drinken.

Wat je drinkt, hangt af van de indeling van de dag. Tijdens een lange inspanning, kies je bij voorkeur een dorstlesser (isotone sportdrank) die ook kan gedronken worden tussen verschillende kortere sessies door. Door de weegschaaltest en je ervaringen in de training, weet je intussen hoeveel je ongeveer moet drinken om je gewicht op peil te houden en ervoor te zorgen dat je niet uitdroogt.

In het volgende hoofdstuk tonen we je welke voeding je het beste tijdens en na de inspanning eet.

DE BELANGRIJKSTE KENMERKEN VAN EEN WEDSTRIJDDAG

- Eet vezel-, eiwit- en vetarm voor de wedstrijd.
- Eet koolhydraatrijke voeding.
- Zorg vooral dat de voeding licht verteerbaar is. Dat is het belangrijkste.
- Eet herstelvoeding na de wedstrijd.

ONTBIJT

TOAST MET ZELFGEMAAKTE JAM VAN RABARBER, KIWI EN BLAUWE BESSEN

BEREIDINGSTIJD: 2 UUR
VOOR 1 PERSOON
VOEDINGSWAARDE PER PORTIE (= 6 SNEETJES WITBROOD MET 6 EETLEPELS JAM):
570 KCAL
120 G KH

13 G E
5 G V

Ingrediënten:
200 g rabarber
2 kiwi's
100 g blauwe bessen
80 g suiker
1 vanillestokje
6 sneetjes witbrood

Bereiding:
Schil de rabarber en de kiwi en snijd ze in stukjes. Doe ze met de blauwe bessen in een kookpot en strooi er de suiker over. Snijd het vanillestokje overlangs open en leg het bij het fruit. Voeg een scheutje water toe en laat onder deksel 20 minuten op een laag vuur garen. Verwijder het vanillestokje en laat de jam afkoelen. Rooster het brood en besmeer elk sneetje met een eetlepel jam.

TIP: Maak de jam van tevoren klaar. Hij bewaart minstens een week in de koelkast.

ONTBIJT

BANAAN UIT DE OVEN

BEREIDINGSTIJD: 20 MINUTEN
VOOR 1 PERSOON
VOEDINGSWAARDE PER PORTIE:
510 KCAL
124 G KH
7 G E
2 G V

Ingrediënten:
2 bananen
2 el honing
1 tl vanille-extract
2 tl bruine suiker
2 sneetjes witbrood

Bereiding:
Verwarm de oven voor op 150 °C.
Snijd de bananen in de lengte aan een kant open. Snijd in plakjes maar laat ze in de schil. Druppel er de honing en de vanille over en bestrooi met bruine suiker. Zet 10 minuten in de oven.
Eet ze met het brood.

ONTBIJT

PANNENKOEKEN MET AHORNSIROOP

BEREIDINGSTIJD: 30 MINUTEN
VOOR 1 PERSOON
VOEDINGSWAARDE PER PORTIE:
850 KCAL
144 G KH
23 G E
20 G V

Ingrediënten:
2 eieren
300 ml rijstmelk
100 g bloem
zout
1 tl plantaardige olie
100 g rode bessen of frambozen
2 el ahornsiroop

Bereiding:
Klop de eieren los in de melk. Zeef er de bloem bij en roer tot een glad beslag. Doe er een snufje zout bij.
Verwarm een beetje olie en schep een vierde van het beslag in de koekenpan. Draai de pannenkoek om als de bovenkant droog is. Bak vier pannenkoekjes in totaal.
Verdeel het fruit over de pannenkoeken en druppel er de ahornsiroop over.

TUSSENDOOR

BANANENBROOD

BEREIDINGSTIJD: 1 UUR
VOOR 6 SNEETJES
VOEDINGSWAARDE PER PORTIE:
205 KCAL
47 G KH
6 G E
3 G V

Ingrediënten:
3 bananen
40 g dadels, ontpit
3 eieren
zout
1 appel
1 tl bakpoeder
100 g bloem
50 g havervlokken

Bereiding:
Mix de bananen met de dadels tot een glad mengsel.
Klop de eieren los met een snufje zout. Snijd de appel in kleine blokjes. Roer de eieren en de appel door het bananenmengsel.
Meng het bakpoeder, de bloem en de havervlokken. Roer door het beslag en giet in een bakvorm met antiaanbaklaag.
Bak 45 minuten op 180 °C in de oven.

WIST JE DAT je alles het beste uittest op een trainingsdag? Alleen zo ben je er zeker van dat je de voeding goed verdraagt op een wedstrijddag. Dit recept bevat bijvoorbeeld haver. Dat is vezelrijk, maar normaal gezien is de hoeveelheid klein genoeg om geen maag- of darmklachten te veroorzaken. Maar voeding is iets heel persoonlijks, dus maak dit tussendoortje al eens klaar voor op een trainingsdag.

TUSSENDOOR

BANANENPANNENKOEK

BEREIDINGSTIJD: 40 MINUTEN
VOOR 3 PERSONEN
VOEDINGSWAARDE PER PORTIE (1/3 PANNENKOEK):
220 KCAL
40 G KH
5 G E
5 G V

Ingrediënten:
40 g gedroogde abrikozen
40 g gedroogde vijgen
1 ei
200 ml amandelmelk
50 g bloem
1 banaan
1 tl plantaardige olie

Bereiding:
Verwarm de oven voor op 180 °C.
Snijd de abrikozen en de vijgen in reepjes.
Klop het ei los in de melk en doe er de bloem bij. Roer tot een glad beslag. Voeg er de gedroogde vruchten en de in stukjes gesneden banaan bij.
Verwarm de olie in een pan en giet er het beslag in. Laat even bakken op een middelhoog vuur en zet in de oven. Draai de pannenkoek na 10 minuten om en laat nog eens 10 minuten bakken.

LUNCH

GEBAKKEN RIJST MET GEMBER EN SCAMPI'S

BEREIDINGSTIJD: 30 MINUTEN
VOOR 1 PERSOON
VOEDINGSWAARDE PER PORTIE:
720 KCAL
142 G KH
20 G E
6 G V

Ingrediënten:
175 g witte rijst, ongekookt
3 cm verse gember
35 g scampi's, gepeld
1 tl sesamolie
een handvol Thaise basilicum
2 el Chinese champignonsaus (Aziatische winkel)
peper
zout

Bereiding:
Kook of stoom de rijst gaar.
Pel de gember en snipper hem fijn. Hak de scampi's fijn.
Fruit de gember in de olie en doe er de scampi's bij. Laat even bakken en voeg er dan de rijst aan toe.
Snipper het basilicum fijn en doe het met de champignonsaus bij de rijst. Breng op smaak met peper en zout.

WIST JE DAT je een klein beetje vlees of vis aan een wedstrijdmaaltijd mag toevoegen, maar alleen voor de smaak? De eiwitten kunnen de vertering vertragen. Ze zijn vooral noodzakelijk voor het herstel na de inspanning.

LUNCH

SPAGHETTI MET RODE SAUS

BEREIDINGSTIJD: 40 MINUTEN
VOOR 2 PERSONEN
VOEDINGSWAARDE PER PORTIE (= 150 G SPAGHETTI MET DE HELFT VAN DE SAUS):
700 KCAL
139 G KH
25 G E
3 G V

Ingrediënten:
100 g wortelen
150 g bloemkool
100 g rode bieten
50 g rode linzen
2 dl groentebouillon
1 tl gedroogde oregano
enkele takjes rozemarijn
2 el balsamicoazijn
peper
zout
150 g spaghetti

Bereiding:
Maak de wortelen, bloemkool en rode bieten schoon en snijd ze in kleine blokjes. Kook ze met de linzen gaar in de bouillon. Kruid met balsamicoazijn, oregano en rozemarijn. Mix tot saus en breng op smaak met peper en zout.
Kook de spaghetti gaar in lichtgezouten water. Giet af en serveer met de saus.

TIP: Maak de saus van tevoren klaar zodat je geen tijd verliest op de wedstrijddag.

LUNCH

TAGLIATELLE MET RUCOLA, KAPPERTJES EN ANSJOVIS

BEREIDINGSTIJD: 30 MINUTEN
VOOR 1 PERSOON
VOEDINGSWAARDE PER PORTIE:
830 KCAL
130 G KH
30 G E
21 G V

Ingrediënten:
2 pruimtomaten
2 gezouten ansjovisfilets
2 tl olijfolie
50 g rucola
2 el kappertjes
peper
zout
een handvol peterselie
2 el paneermeel
200 g verse tagliatelle

Bereiding:
Snijd de tomaten in blokjes. Hak de ansjovis fijn. Stoof de tomaten met de ansjovis in 1 theelepel olijfolie.
Doe de rucola en de kappertjes bij de tomaten en kruid met peper en zout.
Snipper de peterselie en bak hem met het paneermeel in 1 theelepel olijfolie in een andere pan.
Kook de tagliatelle gaar in lichtgezouten water. Giet af en meng met de saus. Strooi er in het bord het paneermeel met peterselie over.

LUNCH

RISOTTO MET GROENE ASPERGES

BEREIDINGSTIJD: 40 MINUTEN
VOOR 1 PERSOON
VOEDINGSWAARDE PER PORTIE:
690 KCAL
130 G KH
16 G E
11 G V

Ingrediënten:
1 sjalot
1/2 teentje knoflook
1 tl olijfolie
150 g carnarolirijst
5 dl kippenbouillon
150 g groene asperges
15 g margarine
zwarte peper
fijn zeezout

Bereiding:
Pel de sjalot en de knoflook en snipper ze fijn. Fruit ze in de olijfolie. Doe er de rijst bij en roer tot alle korrels met olie bedekt zijn. Doe een derde van de bouillon bij de rijst. Als de bouillon is opgenomen, voeg je nog wat toe. Blijf dat doen tot alle bouillon is opgebruikt en de rijst gaar is.
Blancheer de asperges in lichtgezouten water. Snijd ze in stukken en doe ze bij de risotto. Roer er de margarine door en kruid met zwarte peper en zeezout.

DINER

MAISSOEP

BEREIDINGSTIJD: 40 MINUTEN
VOOR 2 PERSONEN
VOEDINGSWAARDE PER PORTIE (= DE HELFT VAN DE SOEP, DRIE SNEETJES BROOD EN 75 G KIPFILET):
810 KCAL
110 G KH
41 G E
20 G V

Ingrediënten:
2 uien
1 teentje knoflook
1 el olijfolie
400 g zoete mais (blik)
1 l groentebouillon
piment d'espelette
peper
zout
3 dikke sneden brood
75 g gekookte kipfilet
verse koriander

Bereiding:
Pel de uien en de knoflook en snipper ze fijn. Fruit ze in een koffielepel olijfolie. Doe er de mais bij en blus met de groentebouillon. Kruid met piment, peper en zout en laat op een laag vuur garen. Mix de soep en duw ze door een fijne zeef.
Besprenkel het brood met de rest van de olijfolie en zet even onder de grill.
Snijd de kipfilet in stukjes en doe ze bij de soep. Werk af met koriander.

TIP: De soep is lekker met wat zoete mosterd.

DINER

KIP MET SOJA EN SAFFRAANRIJST

BEREIDINGSTIJD: 40 MINUTEN
VOOR 1 PERSOON
VOEDINGSWAARDE PER PORTIE:
710 KCAL
100 G KH
44 G E
16 G V

Ingrediënten:
1 el zoete sojasaus
1 tl ketjap manis
1 el honing
1 el sweet chilisaus
1 el limoensap
100 g kipfilet
100 g basmati- of jasmijnrijst
1 tl komijnpoeder
een mespunt saffraan
groentebouillon
1/4 paksoi
100 g shiitake
1 tl plantaardige olie
peper
zout

Bereiding:
Verwarm de oven op 180 °C.
Meng de sojasaus met de ketjap manis, honing, sweet chilisaus en het limoensap. Leg er de kipfilet in en laat 10 tot 15 minuten marineren.
Leg de kip in een ovenschaal en sprenkel er wat marinade over. Bak 20 tot 25 minuten in de oven en bestrijk regelmatig met de resterende marinade.
Doe de rijst met een snufje zout, komijnpoeder en saffraan in een kookpot en voeg groentebouillon toe tot hij ongeveer 1,5 cm onderstaat. Breng aan de kook en laat onder deksel garen.
Maak de paksoi en de shiitake schoon en snijd ze in stukken. Bak ze in de olie en kruid met peper en zout.
Serveer de kip met de rijst en de groenten.

DINER

KABELJAUW MET MISO EN SOBANOEDELS

BEREIDINGSTIJD: 30 MINUTEN
VOOR 1 PERSOON
VOEDINGSWAARDE PER PORTIE:
660 KCAL
105 G KH
39 G E
10 G V

Ingrediënten:
120 g sobanoedels
75 g champignons
1 teentje knoflook
2 cm gember
1 tl plantaardige olie
100 g kabeljauwfilet
peper
zout
1 el lichte miso
1 el sojasaus
5 cm daikonwortel
100 g sluimererwten
50 g doperwten
1 lente-ui

Bereiding:
Kook de noedels gaar in lichtgezouten water. Giet af en verfris onder koud stromend water.
Borstel de champignons schoon en snijd ze in plakjes. Pel de knoflook en schil de gember. Snipper ze fijn en fruit ze in de olie. Doe er 2 dl water bij en voeg er dan de champignons aan toe. Breng aan de kook en laat garen.
Stoom de kabeljauw gaar en kruid met peper en zout.
Doe de miso en de sojasaus bij de champignonbouillon. Snijd de daikonwortel in kleine blokjes en de sluimererwten in fijne reepjes. Doe ze met de erwtjes bij de misosoep. Verwarm de noedels in de soep en serveer met de kabeljauw. Werk af met wat gesnipperde lente-ui.

DINER

THAISE VISBURGER

BEREIDINGSTIJD: 30 MINUTEN
VOOR 1 PERSOON
VOEDINGSWAARDE PER PORTIE:
860 KCAL
103 G KH
56 G E
25 G V

Ingrediënten:
225 g scampi's, gepeld
2 stengels citroengras (of een mespunt citroengraspoeder)
2 cm gember
een handvol verse koriander-blaadjes
2 el vissaus
het sap van 1/2 limoen
3 tl maizena
peper
zout
1 el sesamolie
1 lente-ui
1 el light mayonaise
1 el sweet chilisaus
3 broodjes
ijsbergsla
1/2 zachte chilipeper

Bereiding:
Maal de scampi's fijn met een vleesmolen of in de blender.
Verwijder de buitenste harde bladeren van het citroengras en snijd top en onderkant weg. Snipper het zachte witte deel fijn. Schil de gember en snipper hem fijn. Snipper de koriander. Meng alles met de gehakte scampi's. Voeg er de vissaus, het limoensap en de maizena aan toe en kruid met peper en zout.
Vorm drie burgers en bak ze in de sesamolie.
Snijd de lente-ui in stukken en bak ze in dezelfde pan als de burgers.
Meng de mayonaise met de chilisaus en chilipeper.
Beleg de broodjes met een burger, ijsbergsla, lente-ui en chilimayonaise.

DINER

KALFSLAPJES MET ITALIAANSE BROODSLA

BEREIDINGSTIJD: 35 MINUTEN
VOOR 1 PERSOON
VOEDINGSWAARDE PER PERSOON:
1000 KCAL
106 G KH
46 G E
46 G V

Ingrediënten:
1/4 focaccia
1 el olijfolie
2 tomaten
1/2 komkommer
een handvol verse basilicum
een handvol bladpeterselie
2 gezouten ansjovisfilets
1/2 rode ui
2 el pijnboompitten
25 g zwarte olijven
25 g groene olijven
peper
zout
100 g kalfslapje
het sap van 1 limoen
1 fitness meergranenbroodje

Bereiding:
Snijd de foccacia in blokjes van 2 cm. Bak krokant in de helft van de olijfolie.
Snijd de tomaten in plakjes. Schil de komkommer en snijd hem in halvemaantjes. Snipper het basilicum en de bladpeterselie. Snijd de ansjovis in reepjes en de ui in dunne ringen.
Meng de foccacia met de tomaten, komkommer, groene kruiden, ansjovis en de ui. Doe er de pijnboompitten en de olijven bij en kruid met peper en zout.
Bak het kalfslapje in de rest van de olijfolie en besprenkel met het limoensap. Serveer met de salade en het broodje.

NAFI THIAM

meerkampster

'Het programma van een meerkampster is goed gevuld en op wedstrijddagen ben ik altijd druk in de weer. De zeven proeven worden verdeeld over twee dagen. Op de eerste dag vinden de honderd meter hordeloop, hoogspringen, kogelstoten en de tweehonderd meter plaats. Op de tweede dag volgen dan verspringen, speerwerpen en de achthonderd meter.

Op de dagen voor de wedstrijd eet ik niet echt anders, maar ik zorg er wel voor dat ik gezond eet zonder een strikt dieet te volgen. Daar voel ik me het beste bij.
De wedstrijddagen beginnen heel vroeg, waardoor ik mezelf vaak moet opleggen om iets te eten. Op dat moment heb ik namelijk nog geen honger, maar ik wil niet het risico lopen om honger te krijgen tijdens een van de proeven. Hoogspringen gaat bijvoorbeeld meestal rond het middaguur door en kan erg lang duren.

Als ontbijt eet ik witbrood met confituur, ontbijtgranen, fruit en yoghurt en drink ik thee. In het hotel is er meestal een buffet voorzien. Tussen de verschillende proeven door eet ik petit-beurrekoekjes om de honger te stillen en bananen om me energie te geven. Omdat ze licht verteerbaar zijn, ondervind ik geen hinder, maar tank ik wel de broodnodige energie bij.

's Middags voorziet de organisatie een lunch, waarin de atleten geen inspraak hebben. Meestal is er wel pasta of rijst met tomatensaus, maar omdat ik die saus niet zo graag eet, kies ik eerder voor wat groenten en vlees. Melkproducten of voedingsmiddelen die moeilijk verteren, probeer ik te vermijden.

Ik test de sport- en recuperatiedrankjes die ik op wedstrijddagen gebruik altijd uit tijdens de trainingen. Zo weet ik van tevoren welke producten ik al dan niet goed verdraag. Ik kan het me niet veroorloven om me ongemakkelijk te voelen op een wedstrijddag. Tijdens de tweedaagse drink ik bovendien veel water om spierkrampen te vermijden. Ik wil bij elk nummer bij de pinken zijn en zo goed mogelijk presteren.

Aan het einde van de dag drink ik zonder uitzondering een recuperatiedrank. Daarop volgt een uitgebreide avondmaaltijd om me op te laden voor de volgende wedstrijddag.
Eigenlijk volg ik nooit een streng dieet, maar ik besteed wel veel aandacht aan een gezond en evenwichtig voedingspatroon zodat ik elke wedstrijd in topvorm en op het juiste gewicht kan beginnen.'

Voeding tijdens en na de inspanning

Voeding tijdens en na de training of wedstrijd

TIJDENS DE INSPANNING

In het eerste deel vertelden we je hoeveel koolhydraten je tijdens welke inspanning moet voorzien. We geven je een aantal recepten die je gemakkelijk zelf kunt klaarmaken, zodat je meer variatie hebt dan alsmaar diezelfde energierepen of bananen. Kies een goede sportdrank die je lekker vindt en goed verdraagt. Vul hem aan met vaste voeding. Zo kun je de trainingen en wedstrijden tot een goed einde brengen.

De belangrijkste ingrediënten zijn koolhydraatrijke voeding, zoals gedroogd fruit, bloem, eventueel wat muesli of havermout (maar niet te veel door de vezels), bananen, witbrood, granendrankjes die koolhydraatrijk maar eiwitarm zijn (haver-, spelt-, amandel-, hazelnoot- en rijstmelk), eieren, rietsuiker, kokosbloemsuiker, honing, stroop, agavesiroop, ahornsiroop enzovoort.

Wacht niet met eten tot je honger krijgt, want dan is het meestal te laat. Als je tijdens een intensieve training 60 g koolhydraten per uur moet voorzien, eet ze dan het eerste uur. Begin na tien minuten te drinken en eet iets na twintig tot dertig minuten. Als je een uur wacht, heb je al een deel van je koolhydraatreserve aangesproken. Hoe langer je die reserve kunt bewaren, hoe beter.

NA DE INSPANNING

Na de training moet je zo snel mogelijk met spierherstel beginnen. Dat kan met een drank of maaltijd die bestaat uit koolhydraten, vocht en eiwitten. De koolhydraten zullen je lege voorraden weer aanvullen, het vocht zal het zweetverlies compenseren en de eiwitten geven je spieren de bouwstoffen om te herstellen van de geleverde inspanning.

Na een wedstrijd zijn er vaak nog verplichtingen als een podiumceremonie of interviews. Vaak staat er ook nog een autorit of busreis op het programma. Dan is het verstandig om een hersteldrank te drinken. Die bevat alles wat je nodig hebt om de recuperatie op gang te brengen. Je voorziet bij voorkeur ongeveer 20 gram eiwitten en 75 à 80 gram koolhydraten in de drank, die je gemakkelijk zelf kunt maken.

Wanneer je een hersteldrank drinkt na een training, kun je spelen met de hoeveelheden koolhydraten. Was je training niet zo intensief of volgt er nog een maaltijd? Verlaag dan de hoeveelheid koolhydraten gerust tot 20 of 40 gram.

Als je meteen aan tafel kunt na de inspanning, voorzie je bij voorkeur een herstelmaaltijd. Die bevat vlees, vis of een vleesvervanger (eiwitten) in combinatie met pasta, rijst, granen, aardappelen of brood (koolhydraten) en groente. De hoeveelheid pas je naar je eigen behoeften aan.

Kom je pas laat thuis van de training of wedstrijd? Ga dan niet slapen voor je nog een hersteldrank of -snack hebt genomen. Je lichaam staat in de eerste twee uren na een inspanning het meest open voor herstelvoeding. De volgende ochtend is het al te laat...

TIJDENS DE INSPANNING

BROODPUDDING MET BANAAN

BEREIDINGSTIJD: 1 UUR
VOOR 10 PORTIES
VOEDINGSWAARDE PER PORTIE:
175 KCAL
34 G KH
6 G E
4 G V

Ingrediënten:
400 g witbrood
4 eieren
50 cl amandelmelk
50 g stevia (om te bakken)
een mespunt speculaaskruiden
1 el vanillepuddingpoeder
50 g rozijnen
1 banaan

Bereiding:
Scheur het brood in stukken. Klop de eieren los met de amandelmelk en giet het over het brood. Laat even weken.
Doe de stevia, speculaaskruiden, het puddingpoeder en de rozijnen bij het brood met de eieren. Prak de banaan met een vork en doe dit bij het beslag. Laat een uur rusten.
Verwarm de oven voor op 180 °C.
Doe het beslag in een (siliconen)bakvorm of in een met bakpapier beklede cakevorm. Bak 40 minuten in het midden van de oven.
Haal de broodpudding uit de vorm en laat afkoelen op een rooster.

TIJDENS DE INSPANNING

RIJSTTAARTJES

BEREIDINGSTIJD: 1 UUR
VOOR 4 TAARTJES
VOEDINGSWAARDE PER PORTIE (= 1/2 TAARTJE):
220 KCAL
35 G KH
3 G E
7 G V

Ingrediënten:
60 g dessertrijst
50 cl rijstmelk
25 g vanillepuddingpoeder
60 g suiker
1 ei
1 vel kruimeldeeg (kant-en-klaar)

Bereiding:
Verwarm de oven voor op 175 °C.
Kook de rijst in 40 cl rijstmelk gaar. Roer regelmatig zodat de rijst niet aan de bodem kleeft.
Meng het puddingpoeder met de resterende melk. Doe dit aan het einde van de kooktijd bij de rijst en laat indikken. Roer er de suiker door. Laat een beetje afkoelen.
Splits het ei en klop het eiwit stijf. Roer de eidooier door de rijst en spatel er dan het eiwit door.
Bekleed vier bakvormpjes met bakpapier of bestuif ze met bloem. Snijd het deeg in de juiste grootte en bekleed hiermee de vormpjes. Druk goed aan. Doe er het rijstmengsel in. Bak 25 minuten in het midden van de oven. Haal de taartjes uit de vormpjes en laat ze afkoelen op een rooster.

WIST JE DAT deze rijsttaartjes een heel andere samenstelling hebben dan de taartjes die je bij de bakker koopt? Rijstmelk is rijk aan koolhydraten maar arm aan vet en eiwitten. Deze taartjes zijn dus licht verteerbaar.
De taartjes bij de bakker worden met volle melk en room bereid. Je maag heeft veel meer tijd nodig om ze te verteren en de energie beschikbaar te maken. Tijdens een training werkt je vertering trager, dus zorg je het best voor licht verteerbare en energierijke voeding.

TIJDENS DE INSPANNING

WORTELCAKE

BEREIDINGSTIJD: 1 UUR
VOOR 12 SNEETJES
VOEDINGSWAARDE PER PORTIE (= 1 SNEETJE):
150 KCAL
32 G KH
4 G E
0 G V

Ingrediënten:
6 eiwitten
150 g poedersuiker
220 g ongezoete appelmoes
1 dl amandelmelk
220 g bloem
2 tl bakpoeder
een mespunt speculaaskruiden
240 g wortelen, geraspt

Bereiding:
Verwarm de oven voor op 180 °C.
Klop de eiwitten op met de poedersuiker. Spatel er de appelmoes en de amandelmelk door.
Meng de bloem met het bakpoeder en de speculaaskruiden en zeef ze bij het beslag. Schep alles voorzichtig door elkaar. Voeg ten slotte de geraspte wortelen toe.
Bekleed een cakevorm met bakpapier en doe er het beslag in. Bak 40 minuten in het midden van de oven. Haal de cake uit de vorm en laat hem afkoelen op een rooster.

TIJDENS DE INSPANNING

APPELMOESCAKE MET ROZIJNEN EN GEDROOGDE CRANBERRIES

BEREIDINGSTIJD: 1 UUR
VOOR 12 SNEETJES
VOEDINGSWAARDE PER PORTIE (= 1 SNEETJE):
140 KCAL
31 G KH
3 G E
1 G V

Ingrediënten:
3 eieren
150 g suiker
150 g zelfrijzend bakmeel
een mespuntje vijfkruiden-poeder
140 g ongezoete appelmoes
50 g rozijnen
50 g gedroogde cranberries

Bereiding:
Verwarm de oven voor op 180 °C.
Klop de eieren met de suiker in de keukenmachine. Spatel er voorzichtig de gezeefde bloem en het vijfkruidenpoeder door. Schep er dan de appelmoes door en voeg de rozijnen en cranberries toe. Bekleed een cakevorm met bakpapier en giet er het beslag in. Bak 45 minuten in het midden van de oven.
Haal de cake uit de vorm en laat hem afkoelen op een rooster.

WIST JE DAT appelmoes in een cakerecept de boter vervangt? Appelmoes is vetarm maar rijk aan koolhydraten en zorgt ervoor dat je gebak er mooi uitziet. Je proeft de appel niet eens in je cake want appelmoes heeft een verrassend neutrale smaak.

TIJDENS DE INSPANNING

CAKE MET KRIEKEN EN AMANDELEN

BEREIDINGSTIJD: 1 UUR
VOOR 14 SNEETJES
VOEDINGSWAARDE PER PORTIE (= 1 SNEETJE):
160 KCAL
30 G KH
4 G E
3 G V

Ingrediënten:
150 g krieken op sap
4 eieren
200 g suiker
200 g ongezoete appelmoes
200 g zelfrijzende bloem
een mespunt bakpoeder
50 g geschaafde amandelen, geroosterd

Bereiding:
Verwarm de oven voor op 180 °C.
Doe de krieken in een vergiet en laat goed uitlekken.
Klop de eieren met de suiker tot een luchtige massa. Doe er de appelmoes bij.
Meng de bloem met het bakpoeder en zeef bij het beslag. Spatel voorzichtig door elkaar. Doe er dan de krieken en de amandelen bij.
Bekleed een cakevorm met bakpapier. Giet het beslag in de vorm en bak 45 minuten in het midden van de oven.
Haal de cake uit de vorm en laat afkoelen op een rooster.

NA DE INSPANNING

WORTEL-EN-SINAASAPPELSHAKE

BEREIDINGSTIJD: 10 MINUTEN
PER PERSOON
VOEDINGSWAARDE PER PORTIE:
420 KCAL
78 G KH
20 G E
4 G V

Ingrediënten:
4 cm gember
1 sinaasappel
2 dl magere melk
1 dl wortelsap
150 g magere yoghurt
1 el gembersiroop
40 g havervlokken

Bereiding:
Schil de gember en snipper hem fijn. Schil de sinaasappel en snijd het vruchtvlees tussen de vliezen uit *(à vif)*. Vang het sap op.
Doe de gember en de sinaasappel met de andere ingrediënten in de blender en mix tot een gladde shake.

NA DE INSPANNING

SHAKE MET BANAAN EN PINDA

BEREIDINGSTIJD: 10 MINUTEN
PER PERSOON
VOEDINGSWAARDE PER PORTIE:
400 KCAL
77 G KH
20 G E
4 G V

Ingrediënten:
150 ml rijstmelk
300 ml magere melk
1 banaan
1 tl light pindakaas
1 el ahornsiroop
150 g magere yoghurt

Bereiding:
Mix alle ingrediënten in de blender tot een gladde shake.

NA DE INSPANNING

EIWITSHAKE MET SPELT EN APPEL

BEREIDINGSTIJD: 10 MINUTEN
PER PERSOON
VOEDINGSWAARDE PER PORTIE:
285 KCAL
40 G KH
21 G E
6 G V

Ingrediënten:
1 appel
2 eiwitten
1 dl speltmelk
2 dl magere melk
50 g magere kruidenkaas
een handvol bieslook
een handvol tuinkers
peper van de molen

Bereiding:
Schil de appel, verwijder het klokhuis en snijd hem in stukken. Doe hem met de andere ingrediënten in de blender en mix tot een gladde shake. Breng op smaak met versgemalen peper.

WIST JE DAT speltmelk koolhydraten levert maar geen eiwitten? Voor een optimaal herstel heb je ongeveer 20 gram dierlijk eiwit nodig. Daarom bevat deze shake ook kruidenkaas, eiwit en magere melk.

NA DE INSPANNING

WRAP MET BONEN

BEREIDINGSTIJD: 20 MINUTEN
PER PERSOON
VOEDINGSWAARDE PER PORTIE:
355 KCAL
46 G KH
22 G E
9 G V

Ingrediënten:
1/2 tomaat
50 g rode bonen uit blik, uitgelekt
25 gemalen light kaas
1 eiwit
een handvol koriander-blaadjes
1 tl tortillakruiden
1 volkorenwrap

Bereiding:
Snijd de tomaat in blokjes. Spoel de bonen en laat goed uitlekken. Meng de tomaat met de bonen, de kaas, het eiwit en de gesnipperde koriander. Kruid met de tortillakruiden.
Doe de vulling in een wrap en vouw dicht. Bak in een pan met antiaanbaklaag tot de vulling gestold is.

TIP Maak deze wrap van tevoren, laat hem afkoelen en neem hem mee naar de training.

WIST JE DAT je voor een snel herstel het best vloeibare recuperatiedrank voorziet? Die 'loopt' als het ware snel door je lichaam en blijft niet te lang in je maag zitten.
Na een minder intensieve training kun je meteen iets eten. Dan is deze snack ideaal.

NA DE INSPANNING

TONIJN UIT HET VUISTJE

BEREIDINGSTIJD: 20 MINUTEN
PER PERSOON
VOEDINGSWAARDE PER PORTIE:
520 KCAL
72 G KH
34 G E
10 G V

Ingrediënten:
50 g sperzieboontjes
1/4 rode ui
2 el magere yoghurt
1 el kappertjes
1 blikje tonijn in eigen nat
peper en zout
2 volkorenwraps

Bereiding:
Blancheer de sperzieboontjes in lichtgezouten water. Spoel ze onder koud stromend water, laat uitlekken en snijd in kleine stukjes. Snipper de ui.
Meng de boontjes en de ui met de yoghurt en de kappertjes.
Laat de tonijn uitlekken en doe hem bij de boontjes. Breng op smaak met peper en zout. Doe de vulling in de wraps en rol ze stevig op in plasticfolie.

MARC HERREMANS

triatleet

'Voor een triatleet is eten en drinken voor, tijdens en na de inspanning bijzonder belangrijk. De triatlon is een combinatie van drie duursporten en als je niet tijdig je energiereserves aanvult, zal je lichaam dat snel voelen.

Ik was altijd redelijk zenuwachtig voor een wedstrijd. Een Ironman is geen peulschil: 3,8 km zwemmen, 180 km fietsen en 42,2 km lopen. Door de zenuwen was eten vaak een probleem voor mij. Ik voelde me het best bij witbrood of pistolets met confituur voor de start. Die vulde ik aan met water en een dorstlesser. Tot drie dagen voor de wedstrijd volgde ik een normaal en gezond voedingspatroon met veel volkorenproducten, vezels, groenten en fruit. Daarna schakelde ik over op vezelarme voeding met de nadruk op extra koolhydraten.

Tijdens het fietsen dronk ik een grote drinkbus van 750 ml dorstlesser en combineerde dat met energierepen, die ik in stukjes verdeelde. Dat deed ik zowel tijdens de trainingen als tijdens de wedstrijd. Ik testte alles van tevoren goed uit. Bij het loopgedeelte dronk ik voldoende sportdrank en at ik af en toe een stukje sinaasappel als verfrissing. Gelukkig ben ik gezegend met een sterke maag en had ik nooit spijsverteringsproblemen. De vezelarme voeding die ik at in de dagen voor de wedstrijd, zal ongetwijfeld ook geholpen hebben.

Dat neemt niet weg dat de man met de hamer regelmatig mijn pad kruiste. Eten en drinken is bijzonder cruciaal tijdens de trainingen en nog meer tijdens een volledige triatlon. Je moet goed voorbereid zijn en alles van tevoren uittesten. Ik zag deelnemers uitgeput aan de kant van de weg staan, of merkte dat mensen zich niet goed voelden door te veel voeding en drank op te korte tijd te nemen.

Na een zware training en wedstrijd, dronk ik altijd een recuperatiedrank. Ik voelde echt hoe het hielp bij het herstel. Nadien greep ik wel naar fastfood. Mijn lichaam hunkerde er echt naar na al die zoetigheid...'

Stephanie Scheirlynck is er als **sportdiëtiste** van overtuigd dat de juiste voeding bijdraagt tot de ultieme sportprestatie. Ze wil sporters zoveel mogelijk ondersteunen om hun sportieve doelen te verwezenlijken en koppelt daar dan ook het juiste advies aan.
Stephanie heeft een opleiding genoten als voedingsdeskundige en diëtiste, met een doorgedreven **specialisatie in sportvoeding** (Nederland/ Australië). Ze is ook een van de eerste sportdiëtisten in België die de **opleiding *Sports Nutrition* van het Internationaal Olympisch Comité** tot een goed einde heeft gebracht.
Stephanie was gedurende vijf jaar actief als sportdiëtiste bij Energy Lab, waar onder andere **Sven Nys, Evi Van Acker** en het **Olympisch Zeilteam**, en de wielrenners van **Topsport Vlaanderen** op haar advies konden rekenen.
Stephanie is sinds 2009 verantwoordelijk voor de voedingsbegeleiding van de professionele **Lotto-wielerploeg** (WorldTour). Naast het wegwielrennen begeleidt ze ook sporters in allerlei andere disciplines waaronder de spelers van **RSC Anderlecht, Gaelle Mys (gymnastiek)** en **Lise Van Hecke (volleybal).**
Uiteraard beperkt Stephanie zich niet enkel tot het werken met topsporters. Iedereen die advies wil over gezonde voeding, sportvoeding en/of de verbetering van het vetpercentage kan bij haar terecht.

STEPHANIE
SCHEIRLYNCK
sportvoedingsadvies

www.stephaniescheirlynck.be

www.lannoo.com
Registreer u op onze website en we sturen u regelmatig een nieuwsbrief met informatie over nieuwe boeken en met interessante, exclusieve aanbiedingen.

Tekst: Stephanie Scheirlynck
Recepturen en food styling: Harry Belmans i.s.m. Stephanie Scheirlynck
Redactie: Hilde Smeesters
Fotografie: Heikki Verdurme met assistentie van Sarah Wijns, Shutterstock & IStock behalve Belgaimage p. 72, 106, 140, 174, 210 en 236
Vormgeving: Whitespray

Als u opmerkingen of vragen hebt, dan kunt u contact opnemen met onze redactie: redactielifestyle@lannoo.com.

D/2015/45/512 – NUR 440-488
ISBN: 978-94-014-2883-5
Achtste druk